CCES 当代中国经济研究系列

陆铭　潘慧/著

政企纽带

民营企业家成长与企业发展

Political Connection:

The Development of Private Entrepreneurs and Enterprises

北京大学出版社
PEKING UNIVERSITY PRESS

图书在版编目(CIP)数据

政企纽带:民营企业家成长与企业发展/陆铭,潘慧著.—北京:北京大学出版社,2009.11

(CCES 当代中国经济研究系列)

ISBN 978-7-301-16302-3

Ⅰ.政… Ⅱ.①陆…②潘… Ⅲ.私营企业-企业家-研究-中国 Ⅳ.F279.245

中国版本图书馆 CIP 数据核字(2009)第 204297 号

书　　　名:	政企纽带——民营企业家成长与企业发展
著作责任者:	陆　铭　潘　慧　著
责 任 编 辑:	朱启兵　袁　辉
标 准 书 号:	ISBN 978-7-301-16302-3/F·2343
出 版 发 行:	北京大学出版社
地　　　址:	北京市海淀区成府路 205 号　100871
网　　　址:	http://www.pup.cn
电　　　话:	邮购部 62752015　发行部 62750672　编辑部 62752926
	出版部 62754962
电 子 邮 箱:	em@pup.pku.edu.cn
印　刷　者:	北京宏伟双华印刷有限公司
经　销　者:	新华书店
	650 毫米×980 毫米　16 开本　10 印张　144 千字
	2009 年 11 月第 1 版　2009 年 11 月第 1 次印刷
印　　　数:	0001—5000 册
定　　　价:	25.00 元

未经许可,不得以任何方式复制或抄袭本书之部分或全部内容。
版权所有,侵权必究
举报电话:010-62752024　电子邮箱:fd@pup.pku.edu.cn

目 录

1 导论:新型的政企关系?/1
1.1 政企纽带与民营企业发展:研究的背景 / 2
1.2 研究的问题、贡献与意义 / 6
1.3 研究的方法 / 8
1.4 内容与结构 / 11

2 政府、企业和企业家:"关系"是第一生产力?/13
2.1 政企关系与市场体制的两重性 / 14
2.2 政府、企业和企业家:基于调查的发现 / 27
2.3 小结 / 41

3 企业家与企业发展:人力资本、政治资本和决策方式 / 42
3.1 企业家重返舞台:文献评述 / 43
3.2 企业家与企业发展:实证模型及数据描述 / 47
3.3 实证结果 / 53
3.4 小结 / 62

4 企业家参政议政:政企纽带的建立 / 63
4.1 企业家参政议政的背景 / 66
4.2 企业家参政议政的数据描述 / 70
4.3 企业参政议政的决定因素 / 73
4.4 小结 / 77

5 企业家满意度:政府干预影响了什么?／80
5.1 "快乐经济学"的兴起:经济学家知道了什么?／81
5.2 企业家满意度的数据描述和模型／88
5.3 企业家满意度的决定因素:实证结果／96
5.4 企业家满意度和心理健康的关联／100
5.5 小结／102

6 政企关系的过去与未来(代结论)／104
6.1 政府、企业和企业家之间的互动:我们知道了什么?／104
6.2 中国的民营企业如何基业常青?／107
6.3 转型的终结?有关政治与经济的一点余论／110

附录一 "民营企业家与企业发展研究"调查问卷发放情况说明／118

附录二 调查问卷／120

附录三 企业家心理问卷的信度和效度分析／140

参考文献／144

后记／157

1

导论：新型的政企关系？

如果将中国经济比喻成一辆奔跑着的汽车，那么，政府提供了这辆车行驶的道路，劳动者是这辆车的各种部件，而企业家则是这辆车的司机。

毋庸置疑，企业的发展最为直接地体现了中国经济在过去30年里取得的成就。未来，如果没有企业（特别是民营企业①）的发展壮大，中国要成为世界领先的经济大国，是不可能实现的。对于企业这辆快跑着的车，理解政府和企业（企业家）的关系，就像理解司机和路的关系一样，成为研究中国企业发展的核心问题。

在展开这项研究的时候，我们不禁问自己，如果既不打算像记者一样去讲述企业发展的神奇经历，又不愿只是列举一些体现企业增长速度和结构调整的数据，我们还能够用怎样的方式来刻画中国企业的故事？这时，我们想到了企业家。但我们脑海里的企业家并不是出身低微、经历曲折的神话主角，而是在现代市场体制里最为重要的一个主体，是经济学研究长期以来不够重视的一个群体。与那些描述企业发展历程和企业家传奇的作者相比，无论他们用了怎样瑰丽的语言，也无论他们有多么丰富的案例和数据，我们对中国企业家成长和企业发展的研究视角显然更为微

---

① "民营经济"或"民营企业"的概念比较模糊。通常人们指的"民营经济"在广义上是对除国有和国有控股企业以外的多种所有制经济的统称，包括个体工商户、私营企业、集体企业、港澳台投资企业和外商投资企业，而狭义的民营经济则不包含港澳台投资企业和外商投资企业。在本书中，我们所称的民营企业是狭义的。民营企业和港澳台投资企业、外商投资企业加起来被称为"非公有制企业"，如果再加上集体企业，则被称为"非国有企业"。在第3章至第5章的实证研究中，有时出于简便，我们所说的民营企业也包括了为数不多的港澳台投资企业和外商投资企业样本。

观。在改革开放的历程中,在企业的发展进程中,企业家起到了什么样的作用？他们从企业的发展中获得了什么？在市场经济体制的发育过程中,企业家又扮演了怎样的角色？通过研究中国企业和企业家的成长,展现在我们面前的,将是有关中国市场经济体制的一个侧面,而且是非常重要的侧面。

市场从来就不是完善的,也不是平等的。市场交易并不是匿名的,价格机制也不是中性的。市场交易的非匿名性恰恰是市场不完善的重要体现,也是传统经济学理论所忽视的。对于企业发展而言,大量的非价格机制存在于市场之中,而这些非价格机制的运作是围绕着企业家展开的。拥有不同政治身份、政治纽带(political connection)和家庭背景的企业家在表面上公平的市场机制里有着不同的获取经济资源的能力,于是,企业家的差异转化成了企业发展的差异。企业家和企业的互动关系折射出市场机制的两面性——一方面,市场的价格机制是公正的,每个人都可以按市场价格获取资源;另一方面,市场的价格机制又是不公正的,每个人按同样的价格可以获取不同的资源,或者每个人获取同样的资源可以支付不同的价格。当我们通过理解政府官员的行为来理解政府,并且通过理解企业家的行为来理解企业的时候,一个由政府(政府官员)、企业和企业家构成的市场体制将浮现在我们面前,而这个体制的核心就是"政企纽带"①。在中国这样一个转型和发展中的国家,市场体制的演变将走向何方？关于市场机制和非市场机制如何共同左右资源配置和人类行为,这个问题从一开始就注定是一个全球性的话题,一个前沿的话题。让我们先从中国经济和民营企业发展的大背景开始我们的话题。

1.1 政企纽带与民营企业发展:研究的背景

如果离开了民营经济的发展,过去30年的中国经济会是什么样的情形,真是很难想象。非国(公)有经济在30年的时间里,从无到有,从小到大,成长非常迅速。截止到2007年,国有和集体单位之外的就业已经

---

① 在本书中,当我们提到政企纽带时,就是指企业(家)的政治纽带。或者说,政企纽带是政治纽带在政企关系中的具体体现。

占到全部城镇就业的3/4,而在规模以上工业企业中,扣除国有及国有控股工业企业后的其他类型企业在企业单位数、工业总产值和工业增加值中所占的比重已经分别达到93.86%、70.46%和65.85%(参见图1.1)。这一组数字同时也透露出这样的信息,虽然非国(公)有经济在总体上壮大了,但它们在产出中所占的比重明显低于在企业数量中所占的比重。未来的中国经济如果要继续高速增长,离不开民营经济的发展,甚至可以这样说,如果没有强大的民营企业,中国经济是不可能进入发达状态,并具有国际竞争力的。

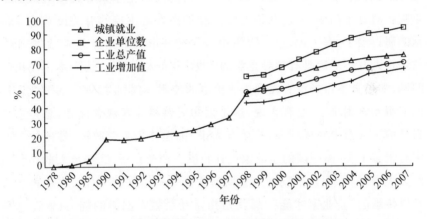

图1.1 中国非(公)有经济的比重(1978—2007)
数据来源:《中国统计年鉴2008》,中国统计出版社。
注:城镇就业比重为扣除国有和集体单位后其他就业的比重,企业单位数、工业总产值和工业增加值比重为规模以上工业企业中扣除国有及国有控股工业企业后的其他类型企业所占的比重。

那么,中国的民营企业发展到底遇到了什么障碍?对于这个问题的回答五花八门。当然,金融是重要的,创新也是重要的,这些都已经被谈论得够多了。这里,我们想拎出来两个问题,也是我们在和民营企业家们接触时被反复提及的两个问题,一是企业怎样传承,二是企业规模如何做大。

中国的民营企业在经历了20世纪50年代的国有化改造之后,新一代的民营企业都是在改革开放以后才发展起来的。实际上,民营企业的快速成长只是20世纪90年代以后的事。直到邓小平南方讲话的1992

年,国有及国有控股工业企业仍然占到规模以上工业企业所提供的城镇就业的 80% 左右。所以,实际上中国的民营企业发展史并不长,而具体到特定的企业,其"年龄"超过 20 年的并不多。① 在这样的发展历程中,第一代民营企业家对于企业的发展具有至关重要的作用,而现在,随着越来越多的第一代民营企业家步入老年,企业的传承和企业家的接班人问题显得日益突出。

企业的接班人问题在所有国家都存在,特别是在那些带有家族企业性质的民营企业。那么,为什么唯独中国的民营企业家寻找接班人那么难呢?对这个问题,人们众说纷纭。在一次作者主持的有关民营企业传承的研讨会上,有人说,这是因为中国的经理市场不完善,空降到企业来的经理人并不一定具有领导企业的才能;也有人说,是因为资本市场出了问题,如果资本市场没有发现企业价值的功能,对职业经理人的绩效评价就变得非常困难了;还有人说,这是因为民营企业家观念保守,总是想从自己的子女当中找接班人;甚至有人说,都怪计划生育政策,外国的企业家有很多子女,而中国的企业家往往只有一两个孩子,选继承人的难度当然要大得多。② 但几乎没有人意识到这样一个问题:在中国,有一种非常难以传承的"企业家才能",那就是构建社会关系网络的能力;而比这种能力更为难以传承的,则是企业家已经建立起来的社会关系网络,特别是企业与政府之间的纽带。我们相信,所有的中国民营企业家都不会否认,与政府搞好关系对于企业发展来说太重要了,而这种政企纽带恰恰是与企业家个体结合在一起的,既难以传承,也难以通过教育和培训来获得。中国长期以来采取了政府推动的经济发展模式,而且获得了不俗的成绩,但是,可能很少有人真正意识到,恰恰是这样的发展模式给企业的传承和持续发展套上了无形的枷锁。

每个企业都不能不与政府(而且往往是特定的政府官员)搞好关系,否则,企业的日子就会很难过,这个无形的枷锁不仅套住了企业的传承,

---

① 在我们所收集的企业样本中,"年龄"超过 20 年的企业仅占 6.53%。
② 在那次研讨会上,日本企业家甚至建议中国企业家把有才能的外姓经理人认做"干儿子",来解决家族企业难以找到接班人的难题,而且,一位日本企业家非常认真地说,他自己就是这样成为接班人的。

也限制了企业的扩张。有大量的实证研究证明,中国存在着严重的地区间市场分割,尤其是在省与省之间。① 各个地方的政府都认为,对本地企业采取保护措施,限制外来竞争,有利于本地经济的成长,当然也就有利于本地的就业和税收。在这种"以邻为壑"的增长模式之下,虽然从单个地方来看,的确有可能在分割市场的过程中获得更快的增长,但从整个国家来说,却损失了规模经济和资源配置的效率。而且,在那些经济开放度比较高的地区,可以借助加入国际市场来发展经济,当地政府就更有能力通过分割国内市场来发展本地经济(陆铭和陈钊,2008)。② 正当中国的地方政府陷于"以邻为壑"的增长模式难以自拔的时候,可能很少有人想到,政府保护本地企业的做法已经严重地限制了企业进一步做大规模。在我们与企业家接触的过程中,不止一次地听企业家说,他们不敢轻易到别的省去投资,除非在当地有政府官员朋友。可是,中国的民营企业发展已经到了这样一个关键时期。以前,企业小的时候,政府保护当地企业,企业很欢迎,那时候,仅本地的市场规模就能满足企业发展的需要了。现在,随着企业的长大,本地的市场规模显得太小了,企业已经有了跨省进行投资的需要,但是,对企业发展非常重要的政企纽带却是本地化的。如果企业都因为没有其他地方的"关系"而不敢去投资,那企业还怎么做大?

　　中国未来的经济增长是否可以持续,必然越来越取决于民营企业的表现。如果说中国的经济增长有什么优势的话,在今天,我们还会列举诸如人口红利、高储蓄率、外资、政治稳定这些因素,以后,中国的人口和经济规模所具有的规模经济效应将越来越重要。规模经济重要性的一个最好的例子就是手机,现在,最新的手机产品可以说都是首先在中国推出的,这与中国国内市场规模庞大有关。特别是在过度依赖出口的发展模式越来越受到挑战的时候,中国靠国内市场规模来推动内需的发展路径将越来越重要。就在这样的转型时期,政企纽带也日益成为民营企业发展的桎梏,它一方面阻碍了企业的传承,一方面限制了企业的规模,对于

---

① 关于市场分割的理论和实证研究,请参见陆铭和陈钊(2006)的总结。
② 与我们的研究有些异曲同工的是,黄玖立和李坤望(2006)发现,中国的地方政府在利用出口发展当地经济的同时,本地的市场规模对经济增长的作用却有所下降。

成长中的中国民营企业来说,政企纽带的这种两面作用,真可谓是"成也萧何,败也萧何"。

正是因为政企纽带的重要性,我们将偏离传统的分析方法,不再仅仅将企业看做把资本和劳动转化成产品的生产线,也不再讨论由董事会、经理和股东构成的企业治理结构,而是把政府(政府官员)、企业和企业家互动的市场体制作为研究企业家成长和民营企业发展的大背景。在这样的分析框架下,企业将是一个开放的组织,企业、市场和政府的边界将变得不那么清晰。

1.2 研究的问题、贡献与意义

作为一本研究性的著作,我们必须将有关政企纽带和民营企业发展的故事转化成为研究性的问题。传统的经济学理论将政府、企业和消费者(劳动者)作为三个主要的行为主体,在生产过程中,企业好像是劳动者和资本的组装车间,企业家退到了幕后。这本书的意图是将研究的焦点转向企业家,我们将把企业和企业家作为两个不同的主体。尽管在理论上这已经不是新鲜事,但是,从实证上重视企业家却是在近些年的经济学研究中刚刚成为热点。[①] 政府、企业和企业家构成的三角形成为联系我们的实证研究的框架,由于企业家成为我们研究的一个独立的主体,传统的"政企关系"衍生出了政府和企业家的关系,以及企业和企业家的关系,而这两组关系又成为经济学近年来研究的焦点问题。

本书的主要目的不是蜻蜓点水般地回顾中国企业的发展历程,为企业家的奋斗史提供宏大的叙事背景,或者以企业家的个人传记来作为企业发展的一个侧面,这样的作品已经非常多。我们的目标是把计量经济学的实证工具作为研究企业家和企业发展的显微镜。具体来说,我们的研究试图从以下几个方面来反映企业家和企业发展的图景:

第一,企业绩效是怎样决定的?除了通常被人们所熟知的企业自身的资本、劳动(人力资本)、所有制这些因素之外,企业家的人力资本、政

---

① 在本书的作者看来,有关企业家的数据难以得到,肯定是相关的实证研究滞后的首要原因。

治身份和决策方式会对企业绩效产生怎样的影响？我们将综合展现上述因素对企业绩效的影响，但根据研究的进展，我们将更为集中地关注企业家的决策方式对企业绩效的影响。

第二，什么样的企业家在参政议政？在一个政府、企业、企业家关系紧密的经济里，企业家参政议政对企业发展有利，那么，怎样的企业家获得了参政议政的机会？通过这项研究，我们可以看到企业实力如何为企业家参政议政提供支持，或者说我们可以看到经济权力如何转化成为政治权力。同时，我们也会看到企业家的父辈所拥有的政治资源又如何被他们所继承。

第三，企业家的满意度有哪些影响因素？如果说企业家是企业发展的灵魂，那么企业家的人力资本则是企业家健康成长的关键。企业家的人力资本分教育和健康两个主要的方面，在企业家的教育水平稳步提高的情况下，企业家的身心健康却较少得到关注。由于企业家属于社会上较为富裕的群体，而收入高者通常也拥有更好的身体健康水平，因此，我们将关注的焦点集中在了与心理健康密切相关的满意度指标上。在一个满意度决定因素的研究框架里，我们综合地考察了企业家个人特征、企业特征和政府干预的变化对企业家满意度的影响，其中，我们关注的焦点是反映政府与企业关系的政府干预的变化这一因素对企业家满意度的影响。

虽然对于上述三个问题的回答能够构成相对独立的三项研究，但贯穿这些实证研究的却是一个政府、企业家与企业互动的分析框架。这个框架不是一个具体的理论，而是一个用于刻画政府、企业家和企业之间互动关系的模型，在传统人们所熟悉的政府与企业之间的"政企关系"基础上，我们特别强调另外两个非常重要的关系，一个是企业家与政府之间的关系，另一个是企业家与企业之间的关系。在我们看来，必须将政府、企业家和企业三者放在一起才能把中国企业生存和发展所处的背景勾勒清楚，即使是在人们所熟悉的"政企关系"这一问题上，也不能缺乏企业家作为纽带。有意思的是，在政府和企业家这一对关系上，我们的研究恰恰与国际学术界有关政治纽带的研究合拍，而在企业家和企业这一对关系上，国际学术界越来越重视的企业家因素对企业发展的影响也正在兴起。

从相对独立的各章来看,本书回答了一系列有关企业家成长和企业发展的问题,但将它们放在一起时,我们则试图用实证研究的方法来为政府、企业家和企业之间的互动关系寻求经验证据。我们的研究为市场经济体制的非匿名的一面提供了来自中国的经验证据。中国是一个转型和发展中的国家,市场经济体制的建立过程根植于中国的历史传统。这个有中国特色的市场经济体制究竟走向何方?这是一个一直萦绕在我们心中的更为宏大的问题。[①] 显然,为企业发展和企业家成长的研究加上这样一个问题意识是有趣而且必要的。

1.3 研究的方法

这是一项非常典型的跨学科研究,经济学和心理学是支持这项研究的两大学科。整个研究是用经济学的框架来建构的,但在回答我们所关注的三个核心问题时,心理学被置于一个非常重要的地位。具体来说,在企业绩效的决定因素中,企业家的决策方式本身就是领导心理学的内容;而对于经济学来说,对企业家决策方式的研究则打开了企业家这个"黑箱"。企业家的满意度在我们的研究中被证实是一个与企业家心理健康高度相关的指标,而满意度的决定又属于"快乐的经济学分析"。

本研究还借鉴了管理学、政治学与社会学的知识。管理学一向重视企业家在企业发展中的重要性,甚至将经理能力决定企业绩效的上限表述成了"经理封顶定理"。如果说经济学在借鉴管理学的基础上还有所发展,那是因为经济学的实证研究坚持了经济学的基本实证框架,并且将企业家的因素作为决定企业绩效的新的因素,在我们的研究中,将企业家因素具体化为人力资本、政治资本和决策方式等几个方面。

企业家的参政议政本身就是一个政治学和社会学的话题。政企纽带是一种特殊的"关系网络",对于经济学来说,政治纽带有利于企业发展已经是一个被研究揭示的现象,因此,企业家的政治纽带是如何形成的又成为值得关注的问题。

[①] 在之前的一系列研究中,这个问题也始终是我们研究的问题意识的来源。有兴趣的读者不妨参见陆铭等(2008)的总结。

除了企业发展给企业家带来的政治和社会地位之外,处在一个政府与市场结合非常紧密的环境中的中国企业家们,他们得到了什么?在经济学研究中,随着快乐经济学的兴起,研究者们开始用实证的方法来研究满意度(或者说幸福和快乐)的决定因素,于是,经济学最终与心理学走到了一起。经济学研究利用了心理学的度量,经济学研究的发现也利用了心理学的理论解释。

为了回答萦绕在我们心中的那些问题,我们必须建立一个企业家与企业相匹配的数据库,它应该包括企业与企业家两个方面的信息,而且,在企业家问卷中,除了通常的社会经济特征以及家庭背景方面的信息以外,还应该包括那些能够反映企业家性格、决策方式和心理健康等方面的信息。为了建立这样一个企业和企业家信息相匹配的数据库,我们必须自己展开调查研究。为此,我们与广西壮族自治区柳州市工商联合会合作开展了这项调查研究。① 在国际上,企业和企业家匹配的数据非常珍贵,事实上,能够将两者的信息进行匹配的数据库非常有限。例如,国家统计局开展的经济普查数据就没有企业家的信息。在我们进行自己的调研之前,在中国,同类的数据库有中华全国工商业联合会在 1993—2006 年间持续开展的有关民营企业发展的大型调研,这个数据库的数据分析结果已经公开出版(中华全国工商业联合会,2007)。但是,对于我们要研究的问题而言,它所包含的信息是不够的。

需要说明的是,大范围的调查与小范围的调查有各自的优缺点。大范围的调查通常更受研究者欢迎,它的主要优点是数据的覆盖面广,变异性(variance)大,在统计上易于识别出变量之间的关系。但大范围的调查的缺点是,调研的成本非常大,不易于实施,因此,在调研成本的控制下,既有的大范围调查往往以研究者认为必不可少的变量为主,这时,特定研究所需要的变量(比如本研究所需的某些企业家特征)往往不被包括在内,影响了大范围数据对特定研究的可用性。② 另外,大范围调研的数据

---

① 关于柳州的概况,请参见柳州政府的官方网站(http://www.liuzhou.gov.cn/mllz/zjlz/index.htm)。
② 统计部门提供的大范围调研数据通常都有这种缺陷,当然,统计部门数据的可得性是另一个大问题。

可能来自很多地区,而这些地区的制度、文化等难以测量的差异可能很大,这些差异都对模型的被解释变量有影响,这时,就可能对模型的估计产生遗漏变量的偏误,这种问题对截面数据模型特别难以处理。① 相比之下,小范围的、小样本的调查虽然有覆盖面小的缺点,在特定的问题上缺乏代表性,甚至可能因为数据的样本量小,变异性小,而可能导致一些变量之间的关系无法识别出来。在实际的操作中,有时我们会遇到一些模型,其中个别变量的系数符号符合理论预期,但却在统计意义上不够显著,这种情况往往就与样本量不够大有关。但是,尽管小样本的数据有这样的缺陷,但它的好处是,根据研究者的需要,有可能包含一些大样本数据所没有的信息。来自特定地区的截面数据还较好地避免了未观察的地区间差异(比如制度和文化)所导致的估计偏误。但是,必须承认,个人层面的遗漏变量偏误和联立性内生偏误②在本书的三个主体章节中并没有得到更多的处理,因此,本书的实证研究结论严格来说不应理解为因果关系,而只是一种相关性。内生性偏误在当代实证研究中受到了极大的重视,但要克服内生性偏误却常常受到数据和方法的限制。在实证研究本身不能确定因果关系的情况下,研究者所发现的变量之间的关系是否是因果关系,还取决于研究者和读者的理论解释。

在我们的研究中,最易受到质疑的是来自欠发达城市的样本的代表性问题,以及与样本代表性有关的结论是否具有一般性的问题。事实上,任何基于特定范围之内的样本的实证研究都存在外推有效性(external validity)的问题,在遇到这一问题时,研究者只能从理论上去判断实证研究的结论是否依赖于样本来源地的某些特殊性,如果答案是否定的,那么,研究的结论就具有了一般性。在本研究中,读者将会看到,我们得到的主要结论在理论上并不依赖于柳州的特征,比如地处经济欠发达地区。

---

① 对于面板数据(panel data)而言,如果可以假设未观察的因素是不随时间变化的,那么,可以用差分法或去均值法(de-mean)来控制未观察的固定效应。对此,凡是介绍面板数据的计量经济学教材都有介绍。

② 遗漏变量偏误(missing variable bias)是指,被观察到的解释变量对被解释变量的影响实际上是因为有若干未观察到的变量,这些未观察到的因素对解释变量和被解释变量都有影响。而联立性内生偏误(simultaneity bias)是指解释变量和被解释变量之间存在双向因果关系,因此,解释变量的系数并不表示它对被解释变量因果意义上的影响。

有些在理论上可能与经济发展有关的结论,比如说企业家的政治身份有利于企业发展,在其他更大范围的研究中,甚至在其他国家的研究中也发现过,因此具有很强的一般性。在这一意义上,本书的研究结论是可以用于讨论当代中国的企业家成长与企业发展的。至少,鉴于我们的样本中绝大多数企业都是中小型企业,因此,本书对于推动此类企业的发展更有意义。

1.4 内容与结构

本书是作者承担的教育部人文社会科学重点研究基地 2006 年度重大项目"中国民营企业家成长与企业发展的实证研究"(项目批准号:06JJD790007)的最终成果,共分 6 章,其中,主体是第 2—5 章。在第 2 章中,我们从理论上建立了一个分析企业家与企业发展的框架,这个框架不是一个具体的理论,而是一个用于刻画政府、企业家和企业之间互动关系的模型。

在"政府、企业家与企业"这样一组三角关系中,我们整合了课题组有关企业家和企业的三项研究,构成了本书的第 3—5 章。在第 3 章中,我们将研究企业家因素对企业绩效的影响,我们发现,在控制了一些传统人们所关心的因素之后,企业家的人力资本、政治资本和决策方式都对企业的绩效有显著影响。特别的,我们发现具有独裁特征的企业家指示性决策方式对企业绩效有正面的影响。第 4 章是一项有关企业家参政议政的研究,在政治资本对企业发展的确重要的背景下,企业家参政议政成为建立政企纽带的重要途径,我们发现,在企业家当选为人大代表和政协委员的过程中,企业特征和家庭背景非常重要,个人特征(除了党派身份)却相对不重要。第 5 章里,我们再次关注企业家个体,研究企业家满意度的决定。企业家满意度是企业家生活质量的一个综合指标,而且我们发现企业家满意度与心理健康具有很强的联系。我们的研究还发现,个人特征在决定企业家快乐感的过程中似乎并不重要,相比之下,企业家工作的外部环境却很重要,具体来说,如果企业家认为他(她)①的企业受到的来自政府的负担越来越重,他的满意度将显著更低。

  本书的最后一章是结论,实际上是全书的一个总结。第3—5章作为相对独立的研究,其结论在每一章都有详细的交代,第6章的目标是进一步总结全书,阐述本书的意义,并讨论有待今后研究的问题。

---

  ① 在英文的经济学文献中,为了避免性别歧视的争议,在用单数人称时,通常用 she,或者 he 和 she 的结合体(s)he。在本书中,为了适应中国既有的表述习惯,再加上男性在我们的企业家样本中占了绝大多数,因此,我们在后文中都用"他"来指代第三人称单数。

2

政府、企业和企业家：
"关系"是第一生产力？

离开了企业的发展，经济增长将成为无源之水。而离开了企业家的成长，企业的发展将成为无弓之箭。在当代中国市场经济体制下，我们还应该再加上一句话，那就是，企业家成长和企业发展都未能摆脱政府之手。

事实上，我们一系列关于企业发展和企业家成长的研究都是相互联系的，它们的联系就在于政府（政府官员）、企业和企业家之间的互动关系，在这一章里，我们将对这样一种互动关系进行阐述。无数前人和他们的研究铺就了一条通往理解现代市场经济体制的道路。传统的经济理论将现代市场经济体制简化地理解为自由竞争的价格机制，但现在，人们已经超越了这一看法，市场中那些非自由竞争的、非价格的机制越来越受到人们的重视。特别是对于企业家来说，自由竞争的价格机制并不是一个特别有用的框架，因为自由竞争的价格机制只适用于数量巨大的同质性商品或要素，而企业家才能从来就不是能够通过自由竞争的价格机制来定价的。在市场体制"非市场"的那一面，或者说非价格机制的那一面，政府和政府官员扮演着重要的角色，而连接政府（官员）和企业的恰恰是企业家。本书的第3—5章看上去是相互独立的三个实证研究，但当它们被置于政府（政府官员）、企业和企业家之间的互动关系时，它们被连接成了一个整体。

这一章由三节构成。第一节是一个理论分析，阐述了政企关系与市场体制的两重性。第二节，我们通过分析自己的调查数据，以及中华全国工商业联合会(2007)企业调查数据的再整理,展现了中国企业(主要是民营企业)的发展和企业家成长历程,为政府(政府官员)、企业和企业家之间的互动关系提供了初步的证据。第三节是对东亚经济发展中市场经济体制和政企关系的一个评论,其中,我们特别讨论了经济发展和政府职能的关系,以及政企关系随着经济发展而发生的变化。

2.1 政企关系与市场体制的两重性

本书建立了一个政府(政府官员)、企业和企业家之间互动关系的分析框架,这个框架由三个部分组成(参见图2.1)。首先,在传统的经济学分析框架下,企业和政府是市场经济体制下三个最为重要的行为主体中的两个①,因此,我们分析框架的第一个组成部分就是政府和企业的关系,即政企关系。

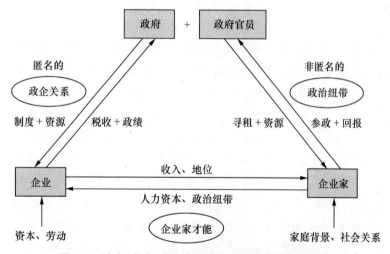

图2.1 政府、企业、企业家的关系与市场体制的两重性

传统的经济学分析框架所构建的是一个最为简化的市场经济体制模型,这个模型的一个最为重要的特点就是,所有的市场交易都是匿名的,市场体制对市场上的个体来说是中性的。在政府和企业这一对行为人当

---

① 另一个是商品市场上的消费者,同时,他也是劳动力市场上的劳动者。

中,政府为企业提供制度和资源(包括公共品),而企业则为政府提供税收和政绩。这时,政府的角色不是与市场相对立的,不只是对市场进行管制和干预,不总是让人担心会危害市场机制的运行。如果政府是"强化市场型政府",而不倾向于代表任何特殊利益集团的利益,那么,政府完全可能促进市场机制,并且有利于经济发展(Olson,2000)。[①]

但是,市场从来就不是匿名的,无论这个市场是现代的还是古代的。当代政治经济学的观点是,政府是由具体的政府官员组成的,而政府官员是有个人利益的理性行为人,同时,企业组织也有相应的人格化的代表,即企业家。政府和企业的人格化代表——政府官员和企业家——的互动构成了政企关系的又一个侧面,也是市场经济体制的又一个侧面,一个在传统经济学里相对较为忽视的侧面。如果说传统的政企关系表现的是市场经济体制匿名的一面,那么,由政府官员和企业家的互动所构成的就是市场经济体制非匿名的一面。在政府官员和企业家的互动中,政府官员配置着对企业发展有用的资源。当然,总是有一些无私的政府官员,但也有政府官员在配置资源的过程中从事着寻租活动,从企业的发展中获得各种直接和间接的利益。而企业家也知道政治纽带的重要性,因此,也积极地参政议政,或者与政府建立联系,同时,通过政治纽带,企业家可以获得用于企业发展的各种资源。"企业家与政府官员的关系产生了不同于市场关系或正式命令经济关系的委托网络……它们是控制着不对称资源的行为者之间的顾客-委托关系[②],并促进了相互获益的联盟"(Wank,1995)。政府官员和企业家的互动完全是个人化的,从这一意义上来说,市场经济体制有其非匿名的一面。市场体制对于个体来说也不再是中性的,换句话说,由于企业家拥有的政治纽带是不一样的,在非匿名的那一面,市场配置资源的过程将也是一个制造不平等的过程。

对于市场经济体制同时具有匿名和非匿名的特征,无论如何强调都不为过。我们已经说过,政府对企业主要提供制度和资源,而本质上,资源又是在政府所设计的制度安排之下得以配置的。在制度和政策的层面

[①] 姚洋(2008)曾经用"中性政府"的概念对中国经济发展的成功经验进行了总结,其实质与"强化市场型政府"有相通之处。

[②] 此处的译文取自李新春和张书军(2005),更为通常的译法是"委托-代理关系"。

上,政府决定了企业什么能做,什么不能做。问题在于,在实际的操作中,"能做"与"不能做"的边界是非常模糊的,而造成这一问题的经济学原因其实很简单,任何依赖于语言和文字的制度规定都是花费成本的,如果将每一个细节都界定得非常清楚,那么制度规定的成本是边际递增的,而其收益则是边际递减的。穷尽制度规定的每个细节,一定意味着相应的规定所针对的某些现象发生的概率极低,甚至从来没有发生过,或者几乎不会发生,或者是制度的设计者也不知道会发生什么。所以,穷尽制度规定的细节显然并不是一个最优的做法,是不必要的。这样一来,制度天生就一定是不完善的,它一定存在着一些"漏洞"和"空子",特别是在体制大变革和经济大发展的时期,一定会不断地出现一些新的事物,这些事物就处在那些制度的"漏洞"和"空子"里。在制度没有规定的领域里,天然就存在着两种截然相反的理解:一种理解是,凡是制度没有规定不能做的,就是能做的;另一种理解是,凡是制度没有规定能做的,就是不能做的。制度的演进往往总是滞后于现实,在事后才规定是能做的还是不能做的。对于那些敢于闯禁区的人来说,如果他们的行为事后被认可,则可能创造历史,成为英雄;而一旦他们的做法事后被认为是不能做的,则可能被视为非法,当事人甚至可能沦为阶下囚。更重要的是,"能"与"不能"的界线不仅是模糊的,而且是变化的,随着人们观念的变化,一段时间里被认为非法的事物,后来却完全可能被承认为合法。特别是在中国大变革的时代,这样的例子比比皆是。可以这样说,一部中国的企业发展史,甚至整个改革开放的历史就是一部关于什么能做和什么不能做的边界不断做出调整的历史。①②

在能做与不能做的边界非常模糊的时候,企业特别依赖政府给政策来求得发展,而租金的产生恰恰是因为政府(或政府官员)掌握着对能做

---

① 在这种存在很多模糊地带的历史演进过程中,自然会有很多企业和企业家成为推动历史的力量,也使他们在历史的演进中沉沉浮浮。这种历史也许更加适用于用文学的语言——而不是经济学的语言——来书写。此类企业史例如吴晓波(2007)。

② 德·索托在他的《资本的秘密》一书中以所有权为例,讲了这样一个道理,"法律必须与人们的现实生活方式保持和谐。法律拥有生命力的前提条件,就是与人们在现实中形成的各种社会契约保持联系"。(de Soto, 2000, 中译本,第84页)而落后国家之所以落后,就是因为这些国家的法律漠视现实中的社会契约,使得社会中的大量资本不能"合法地"成为创造价值的资本(de Soto, 2000)。

与不能做的边界的决定权和解释权。无论是在浙江、广东,还是在北京,在很多关键时候,政府官员决定(或者默许)一些事情是"能做"的,为企业的发展留下了巨大的空间。有时候,政府官员还要为此冒个人的政治风险。[①] 而帮助企业的最为直接的方式就是与企业分享控制权和收益权,其突出的例子就是给乡镇企业戴上集体企业的"红帽子"。[②] 根据20世纪90年代中期的调查,在当时乡镇企业的13项重要经营权中,完全由"区乡政府决策"的占企业经营决策权的33%,另有33%由"政府和企业共同决策",只有剩余的34%由"企业独立决策"(陈剑波,1995)。被戴上"红帽子"的企业中很多是私营企业,根据中国社会科学院民营经济研究中心、零点市场调查与分析公司和全国工商联信息中心的联合问卷调查,1993年被调查的私营企业主认为"红帽子"企业占集体企业的比例为50%—80%,1994年对360户私人企业调查时,有50%的私营企业主认为,上述比例大致在30%—50%之间。1994年国家工商局抽样调查显示,乡镇企业中有83%实际上是私营企业。同年,浙江省东阳市有关部门统计,属于假集体的私营企业占集体企业的比例在70%以上。上述数据来自戴园晨(2005),在这篇文章中,作者还列举了几个私营企业在摘"红帽子"过程中的不同境遇。由于"红帽子"之下的私人产权并不受法律保护,有的企业成功转制,也有企业被充了公,有的企业被政府停业或关闭,有的企业主被"解职"甚至被判刑。政府似乎掌握了企业和企业家生杀予夺的大权。Solinger(1993)认为,中国在很大程度上依赖于国家对于产权的调节或控制。如果将产权不只是理解为物品的所有权,而更广泛地理解为物品(资源)的使用权和获益权,同时,再将国家具体化为政府部门(特别是地方政府、基层政府),可以发现,政府对于产权和市场机制运作的影响到今天也没有发生根本性的变化。虽然Solinger所说的"今天"是指十多年前,但在我们看来,"今天"如果指2009年,也并不为过。

[①] 以北京的中关村为例,在整个20世纪80年代,有关知识分子办企业是应该肯定还是否定引起过多场争论,在争论中,北京市政府、海淀区政府的支持对中关村的发展至关重要(凌志军,2007)。

[②] Weitzman 和 Xu(1994)将这种控制权称为"模糊产权"。

政府还以各种方式直接或间接地控制并分配着资源。政府控制的资源有"显性的",比如说政府财政和金融;政府控制的资源也可能是"隐性的",比如一些国有企业在市场上的垄断地位。

政府的财政资源和政府采购在任何国家都是"大单",哪家企业能够获得这样的资源,就能够获得大发展。在中国著名的电脑生产商联想集团的发展史上,曾经遭遇国外品牌机的激烈竞争。柳传志曾经游说电子工业部,提出"希望制定有利于民族工业发展的行业采购政策,在性能价格比相同的前提下,优先购买国产商品"。在电子工业部的支持下,联想在政府采购招标中,屡屡挫败跨国公司。①

政府对于金融资源的控制也是非常严格的,对于民营企业来说,如果想在正规金融体系里获得融资更是难上加难,银行系统长期以来对民营企业的贷款采取的是歧视性的政策②③,而股票市场的发展在相当长的时期里被作为国有企业解困的渠道。对于这种歧视性政策的一个合理化的解释是,在转型时期,国有企业承担了保证就业的任务,于是,扭曲金融资源的配置,甚至以牺牲效率的方式向国有企业提供倾斜性的融资优惠,就成了在增长与稳定之间进行权衡的一种政策选择(陈钊,2004a,2004b)。

与政府有关的国有企业的行政性垄断更是一种隐性的资源,可以被企业所利用。著名的电信设备供应商华为是一个利用政府行政性垄断的好例子。这家企业在 20 世纪 90 年代中后期通过与全国各地电信管理局"合资"的方式把电信局转变成了"自家人",把自己的产品很容易地卖给了"合资企业"。国家财政被用来买华为的设备——甚至拆了其他公司

---

① 这个有关联想的故事参见吴晓波(2007),下卷,第 47 页。
② 民营企业融资难,特别是中小企业融资难,有时是因为企业自身行为的不规范,比如在贷款时提供的资料不全,企业内财务信息不透明。
③ 吴晓波(2007)以一种说故事的方式记录了民营企业如何在政府控制的夹缝里发展的。在这本书上卷 109 页的一个脚注里,作者写道:"与温州形成对比的是,中国最大的商业城市上海。它是计划经济色彩最浓、政府管控最严的城市,直到 20 世纪 90 年代初,当地的私营企业仍然成长乏力。据 1992 年 1 月 18 日的《中华工商时报》报道,在 1991 年,上海市财办仍下发 287 号文件,明确规定上海私营企业的产品'一律不得进入南京路、淮海路的大店名店',该市 2 195 家私营企业无一户获准与外国公司合资,理由是'上海尚无先例'。上海的银行规定,'对私营企业一律不贷款',信用社也只能以有价证券做抵押,或要有实力的国营企业担保才能贷款,但数额在 3 000 元以下。"

的设备——"合资企业"分得了高额的利润,而电信局的职工则提高了收入。① 政府的作用如此重要,难怪在中国城市居民中,有超过40%的人认为差异最大的群体划分是"当官的与老百姓之间",它排在各类群体划分方式的第一位。

表2.1 城市居民对差异最大的群体划分的看法

差异最大群体	频率	比例	累计分布
无填答/不回答	17	0.29	0.29
不知道/说不清	405	6.87	7.16
穷人与富人之间	1 934	32.81	39.97
当官的与老百姓之间	2 448	41.53	81.51
城里人与乡下人之间	218	3.70	85.21
有财产的人与无财产的人	229	3.89	89.09
管理者与被管理者之间	210	3.56	92.65
高学历者与低学历者之间	330	5.60	98.25
工人与白领之间	103	1.75	100.00
合计	5 894	100.00	

数据来源:2003年中国普通社会调查数据(CGSS)以及作者的计算。

在展开有关政企关系的研究时,我们读到 Boisot 和 Child(1996)的文章,尽管这是一篇十多年前的文章,但今天读来,仍然觉得令人心动。在这篇题为"从封地到家族和网络资本主义"的文章中,作者写道:"在中国的许多经济领域,都不断涌现出政府职权部门同企业间相互紧密联系的这样一种经济组织模式。……在其他社会的经济模式中,政府部门和企业实体间的关系是通过市场机制来进行协调的。而在中国,两者间的联系却通过人为的行政命令或相互活动进行管理与干预。……这种通过人际交往和协商实现的'政企'合一的经济形式让行业间或地方各自为政的现象得以维持。""市场化私有企业必须在预算硬约束下运营,不得不自力更生,因此,它们只能维持小规模和投资不足。许多中国私有企业试图通过寻求与地方政府的紧密联系来弥补这一缺陷,但不能保证能得到这些支持。它们通常需要为地方政府提供的市场进入和政策保护支付'管理费用',或者它们为获取更多支持而以集体企业的名义登记(Kraus,

---

① 有关华为合资的故事参见吴晓波(2007),下卷,第97—100页。

1991；Nee，1992）。……中国的主要个人关系在于地方政府而不是其他企业"。"国家并没有制度化社会，社会按照非正式的传统习俗规范行为和交易"。①"中国传统就是政府官员与地方势力在产业上的紧密联盟"。"在西方，政府制定规则，并从外部规范市场运行。而在中国，政府直接以交易领域为活动场所，内外部的区别没有正式界定，结果是当权者可以随意加以解释"。"由于缺乏有效的编码成文化（法律制度），在特定的传统中国社会组织下，分权不是导致市场经济，而是直接走向家族化的、地方化和人际化的制度秩序"。"根据西方传统观点，在民主社会，产权是受到法律规制的，而在中国则主要是由社会经济网络社团内的相对非成文化过程来保证的"。②

按照通常的认识，市场机制逐步发育的过程中，政府的角色将逐步被取代，但这只是有关市场化进程的故事被人熟知的一面。在诺贝尔经济学奖得主约瑟夫·斯蒂格利茨为卡尔·波兰尼的经典著作《大转型：我们时代的政治与经济起源》所写的前言中，他写道："波兰尼揭穿了自由市场的神话：从来没有存在过真正自由、自发调节的市场体系。今天已经工业化的那些国家的政府在它们当初的转型中扮演了积极的角色。"他还用略带讥讽的口吻谈到转型经济中的私有化过程，"私有化本身是很容易的：要做的一切就是把财产分给自己的朋友，并期望对方回报以租金"。（斯蒂格利茨，2007）不幸的是，"把财产分给自己的朋友"这样的事，在中国也不是没有。我们自己也曾经做过一些有关企业转制进程中的腐败的案例研究，我们发现，中国的国有企业管理者也会在表面公正的市场机制下，利用与特定政府部门或特定政府官员的关系，在企业转制的过程中实施操纵，从而从中获利（Lu 等，2008）。

我们研究的第三对关系是企业和企业家之间的关系。很容易理解的是，企业家能够从企业的发展中获得收入，并且，正如我们的研究所证实的那样，那些规模更大的企业的企业家还能够为自己获得更多社会地位和政治资源提供基础。反过来说，企业家对于企业的发展也是至关重要

---

① 在我们看来，中国的"非正式的传统习俗"就包括了对政府在市场体制和交易关系中的作用的承认。
② 中译文载李新春和张书军（2005），第43—86页。我们的引文即出自于此。

的。虽然对于管理学来说,这个话题有些老生常谈,但对于经济学实证研究来说,将企业绩效决定因素的研究的兴奋点转向企业家也只是最近这些年的事。当然,如果要追溯历史,萨伊(J. B. Say)早在1800年前后就曾经说,企业家"将资源从生产力和产出较低的领域转移到生产力和产出较高的领域"。① 之后,熊彼特在其《经济发展理论》中,再次强调了企业家创新对经济发展的重要作用。再之后,企业家就几乎被经济学的主流理论抛弃了。长期以来,经济学对企业的研究从投入要素(包括资本、劳动和人力资本)、生产率水平(包括规模经济)和制度环境等方面形成了分析企业绩效的基本框架。公司治理理论(corporate governance theory)认为,企业的治理结构对于企业绩效有重大的影响,而企业家只是在企业治理结构和激励机制之下工作的,企业家之间的异质性被放在了非常次要的位置。②

经济学对企业家如此怠慢,管理学家对此自然不满意。德鲁克(Drucker, 1985,中译本,第24页)以嘲讽的口吻评论道,"古典经济学讲求将已然存在的事物予以最优化,这与目前经济理论的主流思想(包括凯恩斯主义、弗里德曼的货币学派以及供给学派)是一致的。它注重使现存的资源发挥最大的作用,并力求均衡的建立。由于它无法解释'企业家'这一现象,因此将'企业家'归入'外部力量',与气候和天气、政府和政治、瘟疫和战争以及科技等归为一类。当然,传统的经济学家(无论他们属于何种学派或何种'主义')并不否认这些外部力量的存在,且承认其重要性。但是,这些外部力量并不是他所研究的世界的一部分,不能以他的模型、方程式或预测加以解释与说明"。

传统的经济学理论体系,或者说新古典的价格理论体系不重视企业家的作用是有其深刻原因的,这也是经济学理论的一个基本问题。我们这里所说的新古典的价格理论体系对于市场的模拟主要基于对供给和需求的分析。在供给方,企业的差别主要表现在生产成本的差异上。在价格变化的过程中,如果价格上升,则供给成本相对较高的企业能够进入市场,相反,如果价格下降,则供给成本相对较高的企业退出市场。在市场

---

① 此处译文引自 Drucker(1985),中译本,第19页。
② 参见 Bertrand 和 Schoar(2003)的文献评论。

竞争的过程中,生产成本越低的企业越是有能力获得更高的利润。那么,又是什么样的因素使得企业的生产成本产生差异呢?传统的经济学理论主要将其归结为技术和规模两大因素。但是,技术和规模的差异又是哪来的呢?传统理论并没有深究这些问题,价格理论不愿意过多地讨论行为人之间的差异,企业间的差异自然也被放在了一个不重要的位置。

另一个更为深刻的问题是,传统价格理论的基本假设是,无论何种资源都是可以通过市场机制来定价的,而定价的前提当然是对资源的价值进行事前的判断。后来,经济学家们认识到,资源的价值完全可能反过来取决于价格。当信息不对称的时候,商品的质量可以大致根据其价格来进行判断(Stiglitz,1987)。同样道理,当信息不对称的时候,企业管理者的努力取决于其所获得的报酬。于是,在经济学研究里,如何设计有效的机制来激励企业家(管理者)付出努力,追求企业的利润,就成为一个重要的研究话题。但是,问题又来了,如果企业只需要设计一个激励机制,而企业家都是一样的,那么,企业的绩效差异又是哪里来的呢?另外一个问题是,激励机制之所以重要,是因为事前无法获得有关企业家才能的信息,那么,在同样的激励机制之下,企业绩效的差异只能在事后反映企业家的才能,这就难怪在传统的价格理论里不能处理企业家的问题了——因为,你事前无法给企业家才能定价。

经济学对企业家的漠视——或者说回避——正在被改变。在实证研究里,与管理学直接去测量企业家的特征,并将其用于解释企业的绩效不同,经济学家仍然坚持了原有的企业绩效决定因素的分析框架,企业的投入要素、治理结构和制度环境仍然是最为基本的解释变量。企业所使用的劳动和资本因数量众多,因此同质性较强——即使劳动有异质性(比如教育),也可以在实证研究中加以控制——如果再控制住企业治理结构和制度环境的差异,企业绩效的其他差异将取决于企业家才能。企业家对于企业的贡献是通过三个方面产生的,分别是企业家的人力资本、社会资本和政治纽带。企业家的人力资本会对企业的发展产生影响,这是显而易见的,我们自己的研究再次证实了这一点。相比之下,企业家的社会关系和政治纽带是最近研究中比较新的视角。

社会关系是重要的,至少在经济发展的早期阶段是这样。Li(2003)

和Dixit(2003)认为,在经济发展的早期,由于交易范围比较狭小,人们的市场交易更多地基于关系,而不是规则,但"关系型社会"却有利于将市场交易的成本维持在比较低的水平上。随着经济发展水平的提高,市场交易范围扩大了,一个规则一旦建立,可以适用于越来越多的交易,基于规则的社会便拥有了某种制定和实施规则的"规模经济"效应,"关系型社会"①将向"规则型社会"转变。王永钦(2005,2006)进一步提出了一个"市场范围决定合约形式"的命题。他的理论描述了这样一个经济发展过程:在经济发展的早期,市场范围比较狭小,这时,人与人之间进行着跨市场的交易。通俗地来说,两个人既可能在此时的这个市场上有交易关系,又可能在彼时的那个市场上有交易关系,双方的关系可以理解为一种"互联的关系型合约"。在这个市场范围狭小的传统社会里,人们的理性计算是跨期和跨市场的,一个人在一次交易中出现了损失也不要紧,他可能从他的交易伙伴那里,在另一个时间和另一个市场上的交易中得到补偿。

在一个"关系型社会"里,成为企业家并且发展企业自然也离不开关系。Djankov等(2006)研究了中国、俄罗斯和巴西的企业家,他们发现,企业家更可能在他们的亲戚和朋友中有企业家。社会关系往往与血缘和地缘纽带有关。在中国,家庭和家族的纽带在促进乡镇企业的发展中也起到了很重要的作用,乡镇企业因为能够借助于家庭和家族的纽带而获得更高的团结、相互的信任以及更多的机会。家庭和家族纽带越强的地区,民营的乡镇企业发展得越多(Peng, 2004)。社会关系和血缘纽带的一个突出表现就是家族企业的发展,这实际上并不是中国特有的,而是世界性的现象。②对于中国经济和社会发展中的家族主义,长期以来有很多学者认为其与现代化进程是冲突的,但Whyte(1996)指出,中国的家庭不一定是发展的阻力。"中国家庭模式的总体变化减少了一些看起来对现代经济活动产生阻力的特点,同时增加了更多积极的特征"。"企业家家族主义"仍然在中国发挥着作用。

在中国,当人们谈到"关系"的时候,它通常具有两层含义:一层含义

---

① 另一个对关系型社会的常用表述是"熟人社会"。
② 参见李新春和张书军(2005)的论文集中对相关研究的总结。

是交易往往通过关系来进行,合约往往通过关系来实施;另一层含义是,在一个等级制的社会里,如果与拥有特权的人有"关系",就可以获得额外的资源,于是社会关系和政治纽带又是结合在一起的。"关系"的两种含义在中国社会里是统一的,只不过第一层含义更为一般,而后一种含义则涉及等级制社会里权力的不对等性。在长期博弈的跨时空的关系型合约里,损益的界定变得非常困难,于是,这种合约就非常难以成文,从而难以通过法庭来验证和实施,这时,伦理就变得重要了。伦理是社会成员共同遵守的行为准则,而且只是一些大的行为准则,伦理难以被用来对一时一事中的相关各方的损益进行判定,于是,伦理的"执行"就充满了灵活性,可能出现多种"合理"的结果——类似于多重均衡。于是,在关系型社会里,权威就变得异常重要,他的作用就是在多种"合理"的结果中进行挑选。理解了关系型社会中权威的重要性,就能够理解为什么传统的社会必然多多少少带有专制和人治的特点。在中国历史上,如果说家族的权威负担有维持家族内部伦理规范的责任的话,那么,维持整个国家伦理规范的人就是皇帝。在微观层面上家族权威的重要性和在国家层面上政府权威的重要性是一致的。市场范围狭小促成了关系型的社会,而关系型的社会又特别需要权威来维持,这就构成了政府对经济进行干预和管制的"微观基础"。[①]

由于政治纽带成了特殊的"关系",它便对企业的发展有用了。企业家的政治纽带对企业绩效的影响是一个全球性的现象,在中国这样一个政府权力大量介入市场行为的经济里,政治纽带的重要性更是不言而喻。近几年来,在中、英文的文献中,中国企业家政治纽带的影响也在实证研究中被证实了。首先,从融资行为来看,胡旭阳(2006)、余明桂和潘红波(2008)的结论表明,有政治联系的企业要比没有政治联系的企业更容易获得更多和更长的贷款。Fan,Rui 和 Zhao(2008)发现,相比较于没有政企纽带的上市公司,与腐败官员有关联的上市公司在腐败官员被捕后,其企业的负债率明显下降,而且这又会导致企业股价的下降。其次,从税收来看,企业高层管理者如果有在中央或地方政府任职的经历,高管的政府

[①] 这里对于关系型社会的理解得益于作者和王永钦、陈钊的讨论。

背景确实能给企业带来税收优惠(吴文锋、吴冲锋和芮萌,2008)。企业在金融和税收方面如果得到优惠,那么,在企业的经营绩效上也将有所体现。Li 等(2008)发现,民营企业家如果是党员的话,那么,能够帮助企业获得银行或其他政策机构的贷款,能够提供给他们更高的对于法律制度的信心,这对企业的绩效有促进作用。越是在市场制度和法律保护比较弱的地区,政企纽带的作用越强。与此类似的是,吴文锋、吴冲锋和刘晓薇(2008)则发现民营企业高管的地方政府任职背景在政府干预比较厉害的地区能增加公司价值;政府干预越强烈,这种正面影响也越强烈。不过,也有研究发现中国上市公司(绝大多数样本是国有企业)高管的政府背景不仅没有增加价值,反而导致经营业绩下降,任命政府背景的企业领导只是为了更好地解决当地的失业和财政问题,而与企业特征无关(Fan, Wong 和 Zhang, 2007)。从经验观察来说,政企纽带对企业发展的积极作用更能解释为什么民营企业热衷于以参政议政的方式建立起政企纽带(Li, Meng 和 Zhang, 2006;陈钊、陆铭和何俊志,2008)。

我们自己的研究发现,在其他条件都一样的情况下,拥有人大代表和政协委员身份的企业家的确能够为企业带来更高的利润(参见第 3 章)。我们还发现,也许正是因为企业家的政治纽带给企业带来的好处,企业家的参政议政正在成为一个现实,在这个过程中,来自大企业的企业家、拥有中共党员或民主党派身份的企业家,以及父母本身是国家干部的企业家拥有了更多更好的机会,而企业家的教育似乎并不重要(参见第 4 章)。

这里不妨提到本书作者之一陆铭与一位企业家之间的对话:

陆:您是人大代表,同时,也是几个地方的政协委员。您能不能告诉我,企业家现在是不是非常热衷于参政议政?如果是,又是为什么呢?

企:其实,坦率地说,像我这样的企业家参政议政可能也起不了什么作用。很多政策的制定需要的是非常专业的知识,我们也不太懂。如果说为什么参政议政,一方面是因为企业家的财富积累到一定程度之后,会更愿意追求社会地位;另一方面,企业家参政议政以后,接触的平台就不一样了,而且参政议政的层次越高,接触到的人的层次也越高。

陆:那您是不是的确觉得参政议政能够对企业发展有益呢?

企:那当然。企业家如果不担任政协委员或者人大代表,在平时找人办事的时候,人家可能对你不理不睬。但是一旦担任了政协委员或者人大代表,那么开会的时候,大家就平起平坐了,平时如果有事要找人帮忙,人家也很爽快地答应了。

陆:那您是不是的确看到企业家们非常热衷于参政议政呢?

企:在我们那里,企业家参政议政可以说是不遗余力。

制度型构了人的行为,人的某种行为模式被反复观察到,便形成了惯例,形成了文化,而真正支配人的行为的,实际上就是那些生活中的惯例。这种大多数人采取的行为模式实际上是一种"进化稳定均衡",通俗地说,当个别人偏离这种行为模式时,他就可能会遭受损失。就政府与企业的关系而言,当公权力被用于配置资源时,如果获得资源的机会不是被所有人平等地获得,政治纽带被用于牟取私利,腐败就此产生。而当腐败成为一种多数人采取的行为模式时,它就可能成为社会的一个"进化稳定均衡",被人们作为惯例来遵守。Djankov等(2006)研究了中国、俄罗斯和巴西的企业家,他们发现,在俄罗斯和中国,相对于非企业家,企业家更经常地认为在某些情况下接受贿赂在一定程度上是合理的。在俄罗斯,36%的企业家相对于22%的非企业家认为接受贿赂在一定程度上可以是合理的。在中国,21%的企业家相对于8%的非企业家认为接受贿赂在一定程度上可以是合理的。在俄罗斯和中国,企业家和非企业家对于行贿的态度没有显著区别,并且对行贿的容忍程度都比较高。俄罗斯56%的企业家和中国25%的企业家认为行贿在一定程度上可以是合理的。在中国,企业家比非企业家对法院的效率更乐观。相对于非企业家,企业家认为,当地政府对企业家的态度和创造的环境更好。与俄罗斯和巴西相比,中国人对各级政府对企业家的态度的评价比较高;而在巴西,只有少数人认为政府给企业家创造了有利的环境。他们还发现,企业家越多地通过贿赂来改变当地政府制定的规则,企业的增长和扩张就越快。

在我们的研究中,正如其他研究也发现的那样,企业家的教育水平和政治身份(政治纽带)都能够给企业带来更多的利润。这时,企业的发展将更多地依赖于企业家的个人资源,更多地依赖于企业家的决策。我们发现,企业家的决策方式如果是带有独裁性质的指示型的,它所领导的企业也能够获得更高的利润。在一个体制不规范、信息复杂、发展迅速的经济里,带有独裁性质的决策虽然可能带来决策的失误,但却能够提高决策的效率。对于那些规模更大的企业来说,指示型的决策方式更有利于提高企业利润,而教育水平更高的企业家则更能够利用指示型的决策方式来提高企业利润(参见第3章)。

政企之间密不可分的关系就是中国的企业和企业家所处的转型期间的生存和发展环境。面对这样的环境,企业家处在一个有些尴尬的境地。他们一方面在建立政治纽带的过程中获得了政府的支持和资源,加快了企业的发展;一方面,来自政府的干预却也成为了一种负担。我们采取了满意度这一指标来对企业家的生存状态进行了综合评价。我们的研究发现,更高的收入的确能够给企业家带来更高的满意度,但同时,那些认为政府给企业造成的负担变得越来越重的企业家,其满意度则显著更低。从这一角度来看,利用政治纽带来获得有利于企业发展的条件和资源,给企业家带来了收入、地位和更高的满足感,但是,这并不是没有代价的。同时,我们也发现,教育程度高的、中年的企业家更可能获得较高的满意度(参见第5章)。

我们在上面论述的政府(政府官员)、企业和企业家之间互动关系的分析框架参见图2.1。在下一节中,数据将成为我们给这个"骨架"添加的"血肉"。

2.2 政府、企业和企业家:基于调查的发现

在这一节中,我们将基于调查研究来展现政府、企业和企业家之间的关系。我们将主要报告我们自己调查的发现,同时也将总结中华全国工商业联合会系列调查的结果。尽管对于中国的政府、企业和企业家之间的关系已经有了很多的研究,但是,能够动态地反映中国在改革期间政府、企业和企业家三者间的关系的研究,至今也只有中华全国工商业联合

会自 1993 年以来持续开展的有关民营企业发展的调查研究。这一系列调查研究大致上每两年开展一次,收集了大量珍贵的数据资料,并且在 2007 年结集出版(中华全国工商业联合会,2007)。在这一节里,我们并不去基于加总的数据来回顾民营企业的发展历程,而是着眼于中华全国工商业联合会(2007)的调查数据,进行一些跨期的比较。我们之所以做这样的工作是基于两个原因:第一,对于本书的研究主题而言,20 世纪 90 年代的文献已经指出中国存在着"政府职权部门同企业间相互紧密联系的这样一种经济组织模式"(Boisot 和 Child,1996),而且企业家与政府官员的联盟"是根植于相互熟悉、相互信任的企业家和官员之间的人际关系中的"(Wank,1995),因此我们希望了解这种政府、企业和企业家之间的关系是否在最近的十多年来发生了显著的变化。第二,中华全国工商业联合会(2007)的调查数据是我们唯一见到的可以用于了解政府、企业和企业家之间的关系的跨时变化的资料,但目前的出版物中并没有将这一系列调查所获得的各年的数据进行充分的整理,以反映相关特征的跨时变化过程。本节所指的"全国范围调查"均指这项调查研究。

我们自己调查的数据来自复旦大学 2006 年在广西柳州市展开的企业调查。柳州下辖六县四区,此次调研主要集中在四个城区和柳江、鹿寨、柳城三个县。在被调研的县区中,四个城区分别发放了 250 份问卷,三个县的问卷发放情况是:鹿寨县 20 份,柳江县 20 份,柳城县 10 份,各县区总共发放问卷 1 050 份。县与城区发放数量不一样,主要是根据企业数量比例原则。调查结束后,全部共回收 1 017 份问卷,去除空白问卷后剩余问卷共 831 份。在问卷中我们收集了有关企业家的个人信息和一些家庭背景信息,也收集了相应企业的基本信息。

本次调查的样本分布状况如表 2.2 所示。从中可见,样本的分布是非常合理的,大约 1/3 的企业从事制造业;从所有制类型来看,大多数企业都是非国有企业,国有企业仅占 2.43%;注册资本在 100 万以下的企业占到了全部企业的 3/4 左右;所有企业中,盈利企业占 56.2%。

表 2.2 调查样本基本情况(%)

行业构成			所有制类型	
农林牧渔业	3.73		国有	2.43
金融、保险业	0.80		集体	6.39
采掘业	1.20		私营	49.68
房地产业	8.67		联营	2.43
制造业	34.53		有限责任	28.35
社会服务业	8.53		股份制	9.96
电力、煤气及水的生产和供应业	0.67		外商投资	0.38
卫生、体育和社会福利业	0.93		港澳台商投资	0.38
建筑业	1.73	规模	特大型	8.54
教育、文化艺术及广播影视业	1.06		大型	16.13
地质勘察业、水利管理业	0		中型	29.36
科学研究和综合技术服务业	0.40		小型	45.97
交通运输、仓储及邮电通信业	2.40	盈利	盈利企业	56.20
批零贸易、餐饮业	14.93		持平企业	21.90
其他行业	20.42		亏损企业	21.90

注:规模为特大型的,是指注册资本在 500 万元以上的企业;大型的是指注册资本在 100 万—500 万元的企业;中型的是指注册资本在 50 万—100 万元的企业;小型的是指注册资本在 50 万元以下的企业。

一、企业家成长

如果我们将自己调查的数据与中华全国工商业联合会(2007)报告的全国范围内的私营企业家大样本调查数据进行对比,可以发现,两者的分布非常相似。在我们所调查的样本中,男性企业家占 75.77%,女性企业家占 24.23%。年龄分布最集中的是 41—50 岁(39.92%)和 31—40 岁(31.71%)。在 2006 年的全国范围调查中,男性企业家占 85.8%,女性占 14.0%,33—57 岁的企业主占 87.5%。无论是我们自己的调查,还是中华全国工商业联合会的调查均显示,有大约一半的企业家拥有大学以上的教育程度。在我们的调查中,企业家的受教育程度以大学(大专)以上学历为主(55.78%),其次是高中学历(23.96%)(参见表 2.3)。而在 2006 年的全国范围调查中,高中学历的企业家占 36.6%,大学和大专以上的占 49.3%。企业家的教育水平是反映企业家成长的关键指标,从表 2.4 中可以看出,总体上而言,企业家的受教育水平有了比较明显的提高,主要表现在大学以上教育程度的企业家所占的比重有明显的提高。

陈光金(2005)也报告了从20世纪80年代到21世纪初,私营企业主的平均受教育年限明显提高的趋势。

表2.3 企业家受教育水平构成

	小学以下	小学	初中及初中中专	高中及高中中专
人数	10	17	138	195
所占比重(%)	1.23	2.09	16.95	23.96
	大专	本科	硕士研究生	博士研究生
人数	276	159	16	3
所占比重(%)	33.91	19.53	1.97	0.37

数据来源:作者的调查。

表2.4 私营企业主的受教育水平(1993—2006)

调查年份	1993	1995	1997	2000	2002	2004	2006
高中(中专)	35.9	38.1	41.7	39.2	41.9	33.6	36.6
大学(含大专)和研究生	17.2	18.4	20.2	38.4	38.4	51.8	49.3

数据来源:作者根据中华全国工商业联合会(2007)整理。
注:通常调查反映的情况为调查前一年的数据,下同。

在我们自己的调查中,还从一些其他的维度收集了能够体现企业家人力资本状况的信息。首先,由于外语能力对于开放中的中国越来越重要,我们统计了企业家的外语能力,结果显示,有大约40%的企业家认为自己至少能够以一般水平掌握一门外语(参见表2.5)。[1] 同时,我们也观察到,有相当多的企业家接受了通常学校教育之外的其他类型的教育或培训,根据表2.6,大约6%的企业家接受过MBA教育,超过一半的企业家接受过经济管理、领导才能等方面的培训。[2] 此外,我们还观察到,不少成功的企业家都曾经有过参军入伍的经历。中国经济周刊(2004)还在当年第30期的封面文章中列举了十大复转军人企业家,其中包括了联想的柳传志、万科的王石、华远的任志强、华为的任正非、杉杉的郑永刚、

---

[1] 近年来有些文献研究了语言的回报,换句话说,如果具备外语的能力,能够获得更高的收入(Berman、Lang和Siniver,2003;González,2005;Christofides和Swidinsky,2008)。

[2] 不过,我们未能了解企业家接受这些管理类的教育和培训是在成为企业家之前还是之后。这对于评价此类教育和培训对企业家能力的作用是个重要的问题。

中远置业的徐泽宪等,此文还同时提供了另外40位成功的复转军人企业家的企业名录。在我们的数据里,有8%的企业家报告了自己的参军入伍经历。当然,必须要承认,尽管可以猜测军队的经历有助于提高个人的组织纪律观念,并且可能影响企业家对企业的管理,但是,在研究中还不太清楚企业家参军入伍对企业发展是否有帮助。① 也有研究发现,知识青年上山下乡的经历也可能会影响人后来的表现,包括收入。上山下乡的经历可能培养了这些人在逆境中拼搏的精神,也有可能有利于个人建立更为广泛的社会关系网络,企业家的这些经历是否有利于企业发展也是一个有待于研究的主题。② 在我们调查的对象中,有大约21%的企业家经历过上山下乡。

表 2.5 企业家外语水平

	熟练掌握两门以上	熟练掌握一门	一般水平掌握一门	不会外语
人数	13	44	253	464
所占比重(%)	1.68	5.68	32.69	59.95

数据来源:作者的调查。

表 2.6 企业家的培训和经历

	有效答卷	答"是"的人数	比重(%)
是否参加过国内外 MBA 课程并具有学位证书	758	45	5.94
是否参加过经济管理、领导才能等商业培训	794	429	54.03
是否有参军入伍的经历	782	63	8.06
是否曾有知识青年上山下乡的经历	790	165	20.89

数据来源:作者的调查。

---

① 任正飞领导的华为是一个在管理上采取军事化管理的典型案例,但是,即便如此,是否是企业家的参军入伍经历影响了企业家的行为模式,是否军事化的管理就有助于企业发展,即使是,这种经验是否具有一般性,都是有待于研究进一步回答的问题。

② 有趣的是,近年来有报道称一些民营企业家热衷于将孩子送到军营锻炼,例如新华网2004年11月10日的报道《企业家送子参军,广东经济发达地区青年踊跃报名》(http://news.xinhuanet.com/mil/2004-11/10/content_2200528.htm)和《新民晚报》2006年12月12日的报道《上海新经济组织出现参军热,部分人如愿入伍》。

经济学自从引入人力资本概念之后,便一直将经验作为人力资本的重要组成部分。特别是那些对于特定企业来说的特殊人力资本(specific human capital),常常是无法通过学校教育获得的,而只能在工作中"干中学"(learning by doing)。对于企业家而言,在工作中获得的经验尤其重要。与通常文献用"工作年数"来度量经验不同的是,我们还在调查中考察了企业家在本行业和本企业的工作经验,来度量企业家所具有的特殊人力资本。平均来看,企业家进入本企业前在本行业工作年数和在本企业工作年数都超过了8年。在第3章中,我们的有效样本中有23.63%的企业有3—5年的历史,37.47%的企业有6—10年历史,而24.40%的企业有10—20年的历史,而且有75.59%的企业家都参与了本企业的创立过程。由此可以推断,大量的企业家都直接参与了企业的发展过程,并且在企业发展的过程中发展了自己。

表2.7 企业家的经验

	有效答卷数	均值
进入本企业前在本行业工作年数	672	8.12
在本企业工作年数	760	8.56

数据来源:作者的调查。

二、企业决策

在本章的第一节,我们已经说明了企业家以及企业家的决策对于企业发展的重要性。在中国的环境下,面对企业发展环境的快速变动和不确定性,企业家的决策有集中化的特点。那么,实际情况是不是这样呢?在我们的调查中,的确有超过40%的企业回答,对于企业的人事任免、生产管理收入和福利分配等三个方面的企业重大决策,是由主要领导做出的,另有超过1/3的企业声称这三类决策的决策者是领导集体(参见表2.8)。

表 2.8　企业决策者

	人事任免		生产管理		收入和福利分配	
	人数	比重(%)	人数	比重(%)	人数	比重(%)
主要领导	323	44.37	298	41.27	293	40.92
领导集体	243	33.38	247	34.21	262	36.59
职工集体	20	2.75	16	2.22	29	4.05
企业职能部门	54	7.42	81	11.22	50	6.98
政府相关部门	3	0.41	4	0.55	5	0.70
其他	107	14.70	99	13.71	101	14.11
有效答卷数	728		722		716	

数据来源:作者的调查。

注:这三个问题中存在多选情况,故各选项人数之和不等于总人数。

从中华全国工商业联合会(2007)的系列调查中能够看到私营企业决策者的变化趋势。从总体上来看,不管是重大经营决策还是一般管理决定,似乎都是企业主本人,或者主要投资人是决策者。虽然从趋势上来说,董事会越来越多地在企业决策中发挥作用,但根据2006年调查的数据,仍然有超过1/3的企业声称企业主本人,或者主要投资人是企业的决策者,而且在有数据的年份里,由企业主本人或者主要投资人作决策的企业始终多于由董事会作决策的企业(参见表2.9)。我们自己的研究发现,具有指示型决策方式的企业家所在的企业绩效更好,与上述结果是一致的。

表 2.9　私营企业主的企业决策(1993—2006)

调查年份	1993	1995	1997	2000	2002	2004	2006
重大经营决策者为企业主本人(%)	63.6	54.4	58.7	43.7	39.7	36.4	36.9
重大经营决策者为董事会(%)	15.2	19.7	11	26.3	30.1	26	25.5
一般管理决定者为主要投资人(%)	69.3	47.3	53.7	35.4	34.7		39.1
一般管理决定者为董事会(%)		5.1	15.1	10	18.2	25.9	

数据来源:作者根据中华全国工商业联合会(2007)整理。

在企业中企业家的重要性难免使得企业家超负荷工作。在我们的调查中,超过90%的企业家每天工作时间超过8小时,而每天工作时间超过10小时的企业家超过55%,甚至有超过20%的企业家声称自己每天工作时间超过12小时(参见表2.10)。

表 2.10 企业家每天工作时间

时间	人数	百分比(%)	累计百分比(%)
6 小时以下	7	0.92	0.92
6—8 小时	65	8.55	9.47
8—10 小时	259	34.08	43.55
10—12 小时	261	34.34	77.89
12—14 小时	124	16.32	94.21
14 小时以上	44	5.79	100.00

数据来源:作者的调查。

三、政企关系

由于政府与企业的关系紧密,企业必须与政府的各个相关部门打交道,平均来看,每个月,企业都需要与工商、税务、劳动保障、环保、质量检查等部门打 1 次以上的交道,与税务部门打交道的次数接近 2 次。同时,企业还需要接待政府部门的"造访"超过 2 次(参见表 2.11)。在我们调研的企业中,尽管有 44% 左右的企业认为与政府打交道形成的负担对企业来说比较小,甚至可以忽略不计,另有大约 1/3 的企业认为这种负担对企业来说"一般",但是,仍然有大约 22% 的企业认为此类负担偏重或者很沉重。而且有 21.5% 的企业认为此种负担有越来越重的趋势(参见表 2.12)。

表 2.11 企业与政府部门的交往频率

打交道的政府部门	平均次数	≥2 次的数量	≥2 次的比重(%)	有效问卷数
工商	1.33	93	17.99	517
税务	1.94	243	37.73	644
劳动保障	1.21	61	15.37	397
环保	1.20	46	13.65	337
质量检查	1.34	63	18.00	350
其他	0.88	26	15.95	163
接待政府部门	2.07	195	39.23	497

数据来源:作者的调查。

表 2.12　因与政府部门的交往而对企业造成的负担

公关费用对企业造成的负担			该负担的变化趋势		
	人数	比重(%)		人数	比重(%)
很沉重	60	8.78	越来越重	143	21.5
偏重但还可承受	90	13.18	越来越轻	131	19.7
一般	233	34.11	没什么变化	392	58.95
比较小	181	26.50			
可以忽略不计	119	17.42			
有效问卷数	683		有效问卷数	665	

数据来源：作者的调查。

　　除了企业与政府部门直接打交道以外，企业还向政府交纳各种"费"。有研究指出，中国存在着中央政府从地方财政、从预算外征收更多的费的倾向，并且再三地任意利用行政命令重新确定分配规则，把更多的财政负担推给地方。预算外和体制外的收费侵蚀了税基，导致更大的预算赤字，结果只能是征收更多的杂费。1994年分税制改革实际上是财政集权的改革，使这种恶性循环进一步加剧（陈抗等，2002）。中华全国工商业联合会（2007）提供的数据能够帮助我们了解私营企业的交费负担的变化，从交费金额和交费占销售额的比重两项指标的中位数来看，企业的交费负担似乎有所减轻（参见表 2.13）。如果分交费、摊派和公关招待来看私营企业的"三项支出"，企业的相关负担在 2003—2005 年间也有所下降（参见表 2.14）。但是，这份报告同时也指出，私营企业"三项支出"的下降主要是因为东部的"三项支出"有所下降；在中部，只有公关和招待费有所下降；在西部，只有摊派有所下降，其他都有所上升（中华全国工商业联合会，2007）。

表 2.13　私营企业的交费负担（1997—2006）

调查年份	1997	2000	2002	2004	2006
企业交费金额中位数(万元)	3.9	2.0	3.0	3.0	3.0
企业交费占销售额比重中位数(%)	1.1	0.5	0.52	0.47	

数据来源：作者根据中华全国工商业联合会（2007）整理。

表 2.14 私营企业"三项支出"(万元)

	2004 年		2006 年	
	总额	均值	总额	均值
交费	88 793.1	48.8	102 378.3	48.0
摊派	8 438.9	5.7	11 429.8	5.3
公关、招待	30 438.6	14.2	29 171.7	10.8

数据来源:作者根据中华全国工商业联合会(2007)整理。

正如我们在本章第一节中所说的那样,政府和企业之间的互动实际上就是市场经济体制下的一种特殊的交易。企业在付出税费和"招待"的时候,企业也得到了它们想得到的东西。只不过,在这样的交易过程中,价格机制的作用被扭曲了,价格不再是决定资源配置的唯一方式。除了如金融这样的资源之外,企业还从政府那里得到很多其他的东西,比如解决纠纷的帮助。一项对长三角企业的调查显示,虽然有 53.3% 的企业选择"与纠纷方直接谈判解决"作为最有效的解决纠纷的方式,36% 的企业选择"通过中国内地司法途径",但同时仍然有 9.6% 的企业选择"通过当地政府行政干预",12.1% 选择"通过私人管道(如内地合伙人)"。有趣的是,相对于民营企业和集体企业,国有企业显然更多地选择"通过当地政府行政干预"来解决纠纷,而选择"通过当地政府行政干预"来解决纠纷最多的竟然是外资企业(王于渐等,2007)。

表 2.15 长三角企业认为的最有效的解决纠纷的方式(%)

最有效解决纠纷的方式	外资企业	国有企业	民营企业	集体企业
1. 与纠纷方直接谈判解决	46.6	52.5	56.4	54.9
2. 通过中国内地司法途径	37.5	36.0	35.6	33.3
3. 通过当地政府行政干预	17.8	15.8	8.6	9.8
4. 通过私人管道(如内地合伙人)	8.7	5.0	11.8	5.9
5. 无有效的解决途径	5.5	6.5	5.7	5.9
6. 其他	4.0	2.2	4.9	3.9
总计	120.2	118.0	123.0	113.7

资料来源:王于渐等(2007),第 154 页,表 6.14。
注:存在多选情况,因而总计超过 100%。

四、企业的社会网络与政治纽带

在这里再次引用一下 Wank(1995)的一句话是合适的,企业家与政府官员的联盟"是根植于相互熟悉、相互信任的企业家和官员之间的人际关系中的"。特别需要强调的是,正是因为企业与政府的互动实际上往往具体化为企业家与政府官员的互动,因此,这充分地表明了市场机制非匿名的那一面。曾驭然(2006)在对珠三角企业的研究中将企业家区分为多数主义、少数主义和中间主义三个群体。相比之下,多数主义这一群体的企业创新能力最强,最依赖网络、利用最大数量的外部联系,并且愿意最大限度地信任陌生人和正式制度。她还发现:"这些企业的老板大多与政府之间保持良好的关系,这种关系也建立在微观的人际关系的基础上。调研中的发现是多数主义企业的老板与政府部门人员在工作之外的交往最频繁,并且工作之外活动的重要性也最明显。同时,这部分的企业老板大多表示'关系是第一生产力'或'关系是最重要的生产力'。"[①]

获得政治纽带对企业主参与决策是有利的,敖带芽(2005)的报告称,在市政建设、环保、税费征收、就业措施等公共决策方面,私营企业主最可能选用的表达意见的做法中,属于前三位的依次是:通过人大代表、政协委员呼吁,通过新闻媒体反映,直接向政府领导反映。曾驭然(2006,第103页)还提供了两个案例,说明了企业家如何利用与政府的关系来帮助解决与当地居民之间的纠纷,以及如何通过与政府相关人员的私人关系获得广东省中小企业局的免息贷款。在这一小节,我们来解剖一下企业家的社会网络和政治纽带。

在我们自己对所调查企业家的政治身份进行统计后发现,有28.4%的企业家是中共党员,1.3%的企业家为民主党派。在我们的调查数据中,担任人大代表或政协委员的企业家占全部企业家的19.97%,而在行业协会、商会等任职的企业家则占22.78%(参见表2.16和表2.17)。[②]

[①] 引文参见曾驭然(2006),第156页,注释。
[②] 在中华全国工商业联合会(2007)提供的调查数据中,2006年的全国范围调查没有报告企业家参政议政的比例,而2004年的调研显示,共有52.5%的私营企业主担任了人大代表或政协委员。不过,我们认为这个比例太高了,这很可能与该调查的抽样方法有关,也有可能是其中有些企业家兼具了人大代表和政协委员两种身份。

表 2.16　企业家的政治面貌

	中共党员	民主党派	共青团员	群众
人数	219	10	96	446
比重(%)	28.4	1.3	12.45	57.85

数据来源:作者的调查。

表 2.17　企业家的社会任职与参政议政

	有效答卷数	答"是"的人数	答"是"的比重(%)
是否在行业协会、商会等任职	777	177	22.78
是否各级人大代表或政协委员	641	128	19.97

数据来源:作者的调查。

我们再通过表 2.18 来看一下私营企业中企业家的社会网络和政治纽带的状态及其变化。数据显示,在 1993 年和 1995 年的调查中,有大量的企业主的朋友为各级干部,也有大量与企业主关系最密切的亲戚为各级干部,而且相应的比例在城镇更高。从企业主自己的情况来看,也有大量企业主在开业之前是各级干部,同样,这一比例也是在城镇更高。从趋势上来看,在 2000 年以前,越来越多的企业主在开业之前是各级干部,之后,该比例有所下降。陈光金(2005)的报告中称,在市场转型的过程中,干部的优势并未丧失,可能还有所扩张。在 1992 年以前,私营企业主开办本企业前的最后职务为国家干部(包括军官,但不含村干部)的人所占比重为 13.7%,到 2000—2001 年间,此比例提高到了 16.8%。私企业主开办本企业前曾经当过的最高级别的干部在科级以上的,在 1997 年占 11%,在 2000 年上升到 14.4%,2002 年进一步上升到 15.3%。

对于企业家的政治纽带和参政议政来说,2001 年 7 月 1 日是个重要的转折点,这一天,江泽民总书记在庆祝中国共产党成立 80 周年大会上发表讲话,明确指出,私营企业主是我国改革开放以来出现的新的社会阶层之一,"在党的路线方针指引下,这些新的社会阶层中的广大人员,通过诚实劳动和工作,通过合法经营,为发展社会主义社会的生产力和其他事业做出了贡献。他们与工人、农民、知识分子、干部和解放军指战员团结在一起,他们也是有中国特色社会主义事业的建设者。他们中的优秀分子也可以被吸收到中国共产党里来"。江泽民同志这一讲话精神写进了党的"十六大"报告和新修改的党章。这是继党的"十五大"肯定了私营经济是社会主义市场经济的重要组成部分之后,进一步肯定了私营企业主的社会地位。

从调查中可以看出,2002年之后,民营企业家担任人大代表和政协委员的比例有大幅度的提高,参加中国共产党的比例也有大幅度的提高,但似乎参加工商联的比例有所下降,这或许说明,不同的政治纽带之间出现了相互的替代。陈光金(2005)的报告中称,在1985—2002年间,开办企业之后入党的业主人数总体上呈非常明显的增长趋势。2002年,有近20%的党员业主是在开办私营企业以后入党的。越来越多的私营企业主担任各级人大代表或政协委员,在1997—2004年间,担任各级人大代表的比例从10.3%提高到了18.2%,担任政协委员的比例从22%上升到了30.6%。越来越多的私营企业主在地方党政机构中任职,1997年,该比例为2.3%,到2002年,该比例(不含村级党政组织任职)上升至3.3%。

另外,从表2.18中仅有的1995—2000年间的数据来看,企业主参加中国共产党、民主党派和工商联的意愿有所下降,我们的解释是,如果参政议政的实现可能性提高了,那么,对于没有实现参政议政企业主来说,有相应意愿的比例更低是可以理解的。这项调查也收集了企业主对提高自己社会地位的手段的看法,这一选项没有明显的趋势。从不同选项之间的比较来看,大量企业主选择的是"尽量扩大企业规模",但也有大量企业主选择了其他选项,包括入党、担任人民代表等、担任政府职务、与政府(党政)领导多联系,在2006年的调查中,选择这几项的企业主都超过了20%,这些选择均与政治纽带有关。还有一个调查是值得关注的,那就是企业主对自己在收入、社会声望和政治参与方面的社会地位的评价。有些意外的是,在收入方面,企业主对自己社会地位的评价是越来越低的;在社会声望方面,总体上来说,企业主对自己的评价也是逐渐降低的;而在政治参与方面,相应的评价有所波动。

表 2.18 私营企业主的社会网络与政治纽带(1993—2006)

调查年份	1993	1995	1997	2000	2002	2004	2006
私有企业主朋友的职业为各级干部(%)							
城镇		42.4	46.2				
农村		39.4	42.2				
私营企业主关系最密切亲戚的职业为各级干部(%)							
城镇		37.9	39.1				
农村		31.2	26.4				
私有企业主开业前原职业为各级干部(%)[1]							
城镇		22.1	24.2	25.5	43.4[2]	59.13	41.6	30.2
农村		17.0	17.3				
政治参与							
担任人民代表(%)				6.4		17.4	18.9	
担任政协委员(%)				12.7		35.1	33.6	
参加中国共产党(%)	13.1	17.1	16.6	19.8	29.9	33.9	32.2
参加民主党派(%)	6.5	5.0		6.7	5.7	6.7	2.0
参加工商联(%)	90.2	77		85.3	83.4	66.1	
希望参加中国共产党(%)		26.5	24.1	10.8			
希望参加民主党派(%)		10.4		5.1			
希望参加工商联(%)		44.7		5.3			
提高私营企业主社会地位的有效办法(%)[3]							
入党		18.1	11.8	7.6	11.1	11.8	24.1
担任人民代表等		34.2	15.6	30.9	25.5	15.3	28.8
担任政府职务		6.0	6.4	4.6	22.4		
尽量扩大企业规模		83.3	81.6	81.6	80.6[4]	87.8	73.7
与政府(党政)领导多联系		27.6	21.5	15.7		31.6	22.8
对自身地位的评价(1最高,10最低)							
收入	4.5	4.5	4.7	4.7	4.7	5.12	5.64
社会声望	4.0	4.2	4.6	4.3	4.1	5.15	5.1
政治参与	4.6	5.1	5.7	5.0	5.0	5.76	5.11

数据来源:作者根据中华全国工商业联合会(2007)整理。

注:(1) 1995年为机关事业或企业干部数据;1997年为1992年已经开业的企业主数据;2000年不含乡\村干部;2002年为机关\事业单位和企业负责人数据;2004年包括了国有\集体企业承租\承包人(14.2%),未包括村干部(2.8%)。

(2) 2000年数据显示,越大规模的企业,企业主原为干部身份的越多,相应比例为20.5%(企业实有资金<1000万元)、29.1%(企业实有资金在1000万元与1亿元间)和45.7%(企业实有资金>1亿元)。

(3) 2002—2006年的数据分别为"江总书记'七一'讲话后的具体打算"、"目前打算"和"最为迫切的打算"。

(4) 2002—2006年为"把企业办好"的数据。

2.3 小结

通过这一章的分析,我们明确地指出,如果要理解企业家成长和企业发展,一定要将政府(官员)和企业、企业家的互动作为分析的重点,揭示市场经济体制"非匿名"的一面。在中国,政府在企业发展中所起的作用特别重要,这既与中国在传统上就一直是一个官商结合比较紧密的国家有关,也与当代中国脱胎于政府全面干预的计划经济体制有关。事实上,政企纽带并不只在中国这样的转型和发展中经济里才显得重要,恰恰相反,政企纽带的重要性为人们准确理解真实的市场经济体制运行提供了全新的视角。

在市场经济体制建立的过程中,是否政府对企业的干预会自然地减少?是否政府和企业间的纽带将越来越不重要?是否由政企纽带所造成的企业家对企业发展的重要作用也将随之减弱?这些都是需要在实证研究中加以考察的问题。在本章的政府(官员)和企业、企业家的互动框架下,本书接下来的三章将用实证研究的方式来具体揭示三个道理。首先,在当代中国,企业家的确在企业发展中起到了灵魂的作用,企业家的决策方式对企业绩效有重要影响,同时,企业家的人力资本和政治纽带也成为企业发展的重要资源(参见第 3 章)。其次,为了发展政治纽带,企业家参政议政的积极性高涨,经济资源向政治资源的转化正在成为一个被观察到的现象(参见第 4 章)。第三,政府干预经济的发展模式并不是没有代价的,在政府干预所造成的负担越来越重的时候,它给企业家的满意度带来显著的负面影响,不利于企业家的成长(参见第 5 章)。我们的系列研究为政府、企业、企业家之间的互动关系提供了证据,但是,如果要了解这种关系的变化趋势,则需要进行更多的跨时间和跨地区的比较研究,因为数据的局限,此类研究在文献中并不多。对此,我们将在接下来的三章中再结合研究的进展给出更为具体的评述。从观察来说,似乎没有迹象表明政企纽带变得不重要了,恰恰相反,从企业家参政议政的行为和动机来看,构建政企纽带似乎正在成为一个趋势。

3

企业家与企业发展：人力资本、政治资本和决策方式[①]

> 一个企业只能在企业家的思维空间之内成长，一个企业的成长被其经营者所能达到的思维空间所限制！
>
> ——彼得·德鲁克

在上一章，我们曾经指出，作为企业的管理者和领导者，企业家对企业的生存和发展起到至关重要的作用。那么究竟是何种企业家特征影响了企业的经营绩效呢？近年来，国际上一些有关企业绩效决定因素的实证研究越来越关注企业家因素，然而这些研究要么把企业家当做一个"黑箱"；要么就是局限在对企业家社会经济特征（如性别、年龄、教育）的分析；要么在采取管理学的分析框架时，缺少对企业特征的控制。鉴于这种状况，我们采用了一个更为综合的企业绩效的实证分析框架，在这个模型里，企业的基本特征作为基本的解释变量被控制。但本章更为关注的是企业家特征对企业绩效的影响，为了打开企业家这个"黑箱"，我们在模型中控制了企业家的年龄、性别、教育等基本的社会经济特征，同时，近来文献比较关注的企业家政治纽带（political connection）也作为解释变量被控制了。除了这些已经在文献中被研究的因素对企业绩效的影响以外，本章还关注在中国背景下企业家决策方式对企业绩效的影响。我们发现，企业家的决策方式的确能显著提高对企业绩效的解释力。在指示型、

[①] 季新星参与了本章的研究和写作。

分析型、概念型和行为型四种决策方式中,具有指示型决策方式(即具有一定独裁性)的企业家,对企业绩效有着显著的促进作用。我们还发现这种促进作用是"非线性"的,企业规模越大,或者企业家教育程度越高,指示型决策方式对企业绩效的促进作用越强。通常,人们的直觉似乎是,随着企业规模的增加,企业决策面临的信息越来越复杂,这时,民主化的决策方式更有利于组织内部的不同成员利用局部信息,做出正确的决策。但实际上也存在着另一种可能性,企业越大,企业决策面临的信息越复杂,在中国这样快速发展,并且制度不规范的环境里更是如此。因此,大企业更需要企业家的决断力来做出快速反应,而教育程度越高的企业家,更能够在果断决策的同时,保证决策的正确性。特别是在中国,企业家指示型决策方式的重要性可能在很大程度上与企业家拥有一些资源有关,比如政企纽带;类似资源是影响企业发展的,而且是个人拥有的,难以继承,这就使得企业家的指示型决策方式对企业发展的作用被提高了。

本章的结构安排如下:第一节对于本章所涉及的相关文献进行简单的评述,并指出本章的贡献;第二节是本章样本数据的描述和模型变量的说明;第三节给出了本章的实证结果以及对结果的一些解释;最后是本章的结论。

3.1 企业家重返舞台:文献评述

在熊彼特之后的经济学研究里,企业家的作用被严重忽略了,企业的绩效被认为主要取决于企业的组织结构和激励机制。而在管理学领域,企业家的重要性却被提到了很高的位置。企业绩效的实证研究到了经济学与管理学握手的时候,在握手前,应该先了解彼此在实证研究上的进展。

在管理学里,非常著名的"经理封顶定理"简洁地概括了企业家对企业发展的决定性作用,它的通俗表述就是:一个企业再好好不过它的经理,一如金字塔再高高不过它的塔尖。在实证研究方面,管理学文献比较重视提出企业家特征对企业绩效影响的假说,并且找到多维度的指标来验证各种企业家特征对企业绩效的影响。以较近的两篇管理学文献为例,Baum 等(2001)把企业家因素纳入到研究企业成长的框架中,发现企业家的个人能力,比如环境诊断能力、机会识别能力、产业特殊技能,能够直接影响企业绩效;而企业家的个人品性,比如个人魅力、工作努力程度、战略眼光,往往有利于公司战略的实施,从而间接地影响企业绩效。Waldman 等(2001)把企业家分为交易型和领袖型两种类型。交易型企业家是在既定的系统和文化之下工作的;而领袖型的企业家(charismatic leadership)则善于描绘任务的愿景和意识,表现决心,以及传递对于高绩效的期望,他能使追随者们对领导怀有信心,对自己的存在感觉良好,并产生强烈的钦佩感和尊重感。作者发现,在不确定的市场环境下,领袖型企业家对企业绩效有促进作用。类似的管理学文献非常有趣,都是在战略管理理论(strategic management theory)的框架下研究企业家对企业绩效的贡献,但此类管理学文献在建构企业绩效决定因素的分析框架时,忽略了经济学理论中最为基本的影响企业绩效的企业特征,比如企业的投入要素、生产率水平和企业的治理结构等。

与管理学文献相比,经济学对于企业家的重视有点姗姗来迟。长期以来,经济学先是从生产函数入手,从投入要素(包括资本、劳动和人力资本)、生产率水平(包括规模经济)和制度环境等方面形成了分析企业绩效的基本框架。之后,公司治理理论(corporate governance theory)认为,企业的治理结构对于企业绩效有重大的影响,而企业家只是在企业治理结构和激励机制之下工作的,企业家之间的异质性被放在了非常次要的位置。[①] 受这种传统的影响,在对中国企业经营绩效的实证研究中,最近的很多文献也是着眼于企业所面临的法制环境、市场环境以及投资环境等"制度环境"(例如李涛等,2005;孙早和刘庆岩,2006;白重恩等,2004;Driemeier 等,2003),这些文献发现,良好的法制环境、市场环境以及投资环境能够显著提高企业发展绩效。除了研究外部环境外,也有部分文献关注企业内部治理结构对企业绩效的影响(施东辉,2000;徐晓东和陈小悦,2003;林浚清等,2003),发现不同股东控股类型的企业绩效显著不同,大股东的变更能提高企业绩效,高管内部的薪酬差距也会影响公司的绩

[①] 参见 Bertrand 和 Schoar(2003)的文献评论。

效水平。

　　Bertrand 和 Schoar(2003)在经济学家里较早地将企业家引入了企业行为和企业绩效的决定因素的实证研究,他们采用企业家和企业相互匹配的面板数据,跟踪了职业经理人在不同企业任职的经历,发现职业经理人的固定效应在企业决策行为(包括投资策略、融资策略、组织战略)和绩效的决定中是非常显著的。然而,Bertrand 和 Schoar(2003)只是把企业家因素当做一个"黑箱",虽然他发现企业家的确显著影响企业的决策行为和绩效,但却并没有指出企业家影响企业绩效的具体途径和机制。有一些文献从人力资本和社会经济特征的角度研究了企业家对企业绩效的影响,发现企业家的教育程度和企业绩效显著正相关,而年龄对绩效的影响呈倒"U"形关系(Bates,1990;Arshakuni 和 Ramionka,2004)。企业家建立广泛社会关系的能力也会影响到企业的发展。企业家的一种特殊的社会关系就是政治纽带(political connections),它能够显著提升企业的价值(Fisman,2001),例如,企业可以因此而获得更好的税收政策或贷款政策(Faccio,2006;Khwaja 和 Mian,2005)。在中国,政治身份可能是替代法律的一种保护企业的机制,有利于企业获取资源或发展企业(胡旭阳,2006)。[①] 贺小刚和李新春(2005)从社会资本的维度考察了企业家关系能力与企业成长之间的关系,他们发现,如果简单地研究企业家关系能力的功效,它对于企业成长起到一定的促进作用,但是一旦在企业成长模型中引入企业家战略能力和管理能力这两个变量,关系能力的作用就在一定程度上受到削弱。

　　在上述文献的基础上,我们将利用企业家和企业相互匹配的数据,建立一个综合的企业绩效决定因素的实证模型。在这个模型中,我们将控制企业的资产、企业员工的教育水平、企业所有制性质、企业内收入差距等企业特征。因为我们的样本来自同一个城市,本章没有控制制度变量。在企业家特征方面,我们的模型控制了诸如年龄、性别、教育、政治身份等因素。我们的实证结果发现,除了企业家决策方式、教育水平和政治身份以外,其他企业家特征对企业绩效并无显著影响。在上述因素中,本章关

[①] 更多的有关政企纽带对企业发展的作用的文献综述,请参见第2章。

注的重点是企业的主要领导者——企业的总裁或总经理——的决策方式对企业绩效的影响,我们基于心理学量表得到了企业家决策方式的度量数据,试图进一步解开企业家影响企业经营绩效的"黑箱"。

本章要考察的重点是企业家对企业绩效的影响,企业家作为企业的领导者,其决策方式会对企业绩效产生影响。根据俞文钊(2004)的总结,决策是对不确定性事件做出的反应。决策理论认为,存在着一些因素限制了人们做出"最优选择"。这些因素是:(1)信息的限制。在信息爆炸的时代,信息繁多,多变,错误选择会导致错误决策。(2)主观认识限制。个人经验、素质影响了决策的质量。(3)目标无法数量化。决策对象本质上是定性的,无法定量分析,遇到此类对象会造成运用数学方法的困难。(4)时间限制。决策有时间要求,不能因寻求最优方案而贻误时机。(5)无法估计的偶然因素的限制。人们无法估计全部可能影响决策的因素,更不能事前估计到偶然、突发因素的影响。我们认为,在以上五个方面的因素中,除了时间限制外,其他四个因素都会影响不确定性的程度。如果没有决策时间的限制,不确定性程度越高,信息越是复杂,企业家如果采取"民主型"的决策方式,多收集信息,多听取意见,将有利于做出正确而有效的决策。但是,如果决策时间的限制非常紧,就要求企业家要果断决策,以免贻误时机。在中国,由于市场和体制不规范,宏观波动剧烈,政策变动频繁,加剧了企业决策时所面对的不确定性[①],因此,就要求企业家能够更多地听取意见和收集信息,再做决策。同时,由于经济发展速度快,市场机会瞬息万变,又要求企业家果断决策。

事实上,在经济学的既有理论里,也可以借鉴公共选择理论来讨论企业决策方式对企业绩效的影响。Miller(1992)借助于公共选择理论中的阿罗(Arrow)不可能性定理[②]讨论了企业采取科层与专制的好处,他认为,"Arrow定理表明,如果企业的管理者允许其他雇员插手企业的决策,就会导致组织的不稳定、不明确、低效率或易被操纵。企业若要把分工专

[①] Boisot(1987)也指出,与欧美主要发达国家相比,中国和日本的信息更为集中,并且更不规范。

[②] 简而言之,阿罗不可能性定理的含义是,对于社会选择的一系列合意的特征,没有一个社会选择函数可以同时保证所有这些特征。这个定理被认为指出了民主制的局限。企业的决策过程也可以被视为企业成员(至少是管理成员)的公共选择过程。

门化、互相依存的团队生产的效率潜力变成现实,不仅必须建立权威的群体决策结构,而且必须集权化"。但是,他同时也指出,"尽管专制可以提供给企业所需的统一性和一致性问题,但同样不能解决导致市场失灵的信息不对称问题。非常的专制权威,是获取明智决策所必需信息的障碍。……信息不对称、垄断权和团队生产的外部性使市场、讨价还价和投票制序失灵。它们也给管理者带来了危及科层健全及其利益的日常两难困境"。因此,究竟企业家属于偏独裁型的决策者,还是偏民主型的决策者更有利于企业发展,就是一个需要通过实证研究来检验的问题了。

关于企业内部决策方式对于企业绩效的实证研究,国外的经验研究表明,民主型的决策方式更有利于提高企业的经营绩效。Pearce 和 Zahra(1991)的研究发现,董事会相对于 CEO 的权力越大,企业的财务绩效越好,也就是说企业决策机制相对民主和企业绩效正相关。更近一点的研究是,Gompers 等(2003)通过对美国 1 500 家大公司在 20 世纪 90 年代的数据进行分析,发现股东相对于管理者权力较强的企业具有相对更高的企业价值、利润水平和销售增长率,更低的资本开支,更少采取公司并购策略。而本章基于中国数据的实证结果却表明,具有独裁性质的指示型决策风格的企业家更有利于企业绩效的提高。通过构造企业家决策方式和企业规模、企业家受教育程度的交互项,我们发现,企业规模越大,企业家的教育程度越高,指示型决策方式对企业绩效的促进作用越强。我们对于企业家决策方式的度量是基于心理学量表的,这一研究增加了有关企业家特征如何影响企业绩效的经验证据。

3.2 企业家与企业发展:实证模型及数据描述

本研究采用问卷调查的方法收集样本,数据来自复旦大学 2006 年在广西壮族自治区柳州市展开的企业调查。调研的基本情况参见第 1 章和本书的附录。调研共回收 1 017 份问卷,去除空白问卷及无效问卷后,剩余问卷共 813 份。在本研究中,由于变量的缺失(主要是企业绩效变量的缺失),实际进入研究的样本为 223 个或 228 个。我们的调查问卷分为企业问卷和企业家问卷两大部分,其中企业问卷主要包括企业基本信息和员工基本信息,企业家问卷包括个人基本信息、工作经历信息以及决策风格等心理学测试。

通过对企业样本进行统计分析可以得知,在我们的企业样本中,国有企业占的比例很少,仅为2.46%,最多的是私营企业(50.13%),其次是有限责任制企业(27.98%)、股份制企业(12.18%)、集体企业(6.48%)和外商投资企业(0.78%)。表3.1给出了企业其他特征的统计描述,从资产规模和员工人数指标看,我们的企业样本以中小企业为主,也有小部分中大型企业。大多数企业具有3—20年的历史。

表3.1 调查企业样本的统计描述

资产规模	100万元以下	100万—500万元	500万—1000万元	1000万—5000万元	5000万元以上
	41.34%	25.63%	10.17%	14.78%	8.08%
员工人数	20人以下	20—50人	50—100人	100—500人	500人以上
	48.18%	23.95%	15.69%	9.94%	2.24%
成立时间	1—2年	3—5年	6—10年	11—20年	20年以上
	7.83%	23.63%	37.47%	24.40%	6.53%

在我们所调查的样本中,男性企业家占75.77%,女性企业家占24.23%。年龄分布最集中的是41—50岁(39.92%)和31—40岁(31.71%)。企业家的受教育程度以大学(大专)学历为主(53.14%),其次是高中学历(24.25%)。对所调查企业家的政治身份进行统计发现,担任人大代表或政协委员的企业家只占少数,担任乡镇一级的为5.47%,县级的为7.33%,地市级的为5.73%,省级的仅为0.40%(见表3.2)。[①]

[①] 如果我们将自己调查的数据与中华全国工商业联合会(2007)报告的全国范围内的私营企业家大样本调查数据进行对比,可以发现,两者的分布相差并不大。在2006年的全国范围调查中,男性企业家占85.8%,女性占14.0%,33—57岁的企业主占87.5%,高中学历的企业家占36.6%,大学和大专以上的占49.3%。相差比较大的是参政议政,2006年的全国范围调查没有报告这个比例,而2004年的调研显示,有52.5%的私营企业主担任了人大代表或政协委员。

表 3.2　调查样本企业家个人信息描述

性别	男 75.77%	女 24.23%			
年龄	20—30 6.42%	31—40 31.71%	41—50 39.92%	51—60 19.64%	61—70 2.31%
教育	初中及以下 20.35%	高中 24.25%	大学(大专) 53.14%	硕士及以上 2.26%	
政治身份	乡镇级 5.47%	县级 7.33%	地市级 5.73%	省级 0.40%	

接下来我们再来看企业家的决策风格。关于企业的决策方式，Pearce 和 Zahra(1991)采取的指标是董事会相对于 CEO 的权力大小，Gompers 等(2003)则建立了公司治理体制的综合指数来反映管理者和股东之间的相对权力，作为企业决策方式的度量。此类指标的一个问题是，企业的决策方式很可能是企业绩效的结果，而不是原因。比如说，完全有可能是，在绩效比较好的企业，企业家不需要为企业发展承担过多个人责任，因此他更可能选择民主化的决策方式。相比之下，本章采用的是基于心理学量表的企业家决策方式度量，由于心理学指标与企业家性格有关，而性格在很大程度上是天生的，并且是稳定的，因此，其内生性问题相对较轻。而且，在我们的有效样本中，75.59%的企业家都参与了本企业的创立过程，因此这些企业家因为其个性而被选择为企业家的可能性较小。

Rowe 和 Boulgarides(1992)将个体的决策风格分为四种：指示型风格(directive style)的个体，办事有效率而且有逻辑，由于对效率的关注，导致他们会在最低信息量时做出决策，一般来说具有这种作风的人是独断的，需要权力，也就是我们通常意义上所说的"独裁型"；分析型风格(analytic style)的个体一般希望得到更多的信息，并对备选方案进行更多思考；概念型风格(conceptual style)的个体倾向于使用来自多种渠道的数据，并会考虑很多备选方案，他们关注的焦点是长期效益，并且他们擅长找到创造性的问题解决方案；行为型风格(behavioral style)的个体通常会关心下属的幸福感受，并接纳他人的意见，他们倾向于关注短期效益，这种类型的管理者努力回避冲突并寻求被人接纳。在决策风格测试中，总共有 16 个测试题目，每个题目有 A、B、C、D 四个选项，分别对应于指示型、分析型、概念型和行为型四种决策风格,将每份问卷中 A、B、C、D 四个选项 16 题的总得分数分别加起来,总得分最高的那个选项即为问卷被试者的决策风格。最高分为两个或两个以上选项的被试者被归为不明型,该部分测试问卷没有回答或者回答不完整的同样归为不明型。我们采取的问卷是心理学专业人士提供的,限于篇幅,我们不介绍这些问题了,有兴趣者请参见附录。

图 3.1 给出了企业家决策方式类型的分布,如果扣除不明型,在四种决策方式中,比例最多的是分析型,占了 34.69%,其次是指示型(25.83%),概念型(6.64%)和行为型(6.27%)相对较少。我们认为,在中国甚至亚洲文化传统下,指示型的决策风格更容易出现在采取家长式管理的企业中。樊景立和郑伯壎(2000)认为,家长式管理在华人企业中是广泛存在的,而这种管理方式又具体体现为威权领导、仁慈领导和德行领导这几个方面,而这几方面的家长式管理又与中国传统文化(主要指儒家)中的父权、仁君和强调政府官员的美德有关。Silin(1976)曾经在调查了中国台湾地区的企业后总结了"家长式领导"的主要领导理念与行为模式,概括为:教诲式领导、德行领导、中央集权、上下保持距离、领导意图及控制。

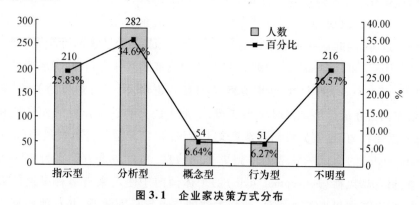

图 3.1 企业家决策方式分布

那么不同决策类型的企业家所在的企业呈现出什么样的特征呢? 从表 3.3 来看,指示型决策类型企业的利润均值明显更高,分析型的企业次之,其他三种类型的企业利润均值都比较小。比较资产规模可以看出,指示型、分析型和不明型的资产均值较大,而概念型和分析型较小。从负债率角度看,行为型最高,概念型最低,其他三类企业介于前两者之间,而且差异并不明显。

表3.3 不同决策风格的企业家所在企业的经济指标均值

	指示型	分析型	概念型	行为型	不明型
利润均值(万元)	237	147	76	58	47
资产均值(万元)	3 001	3 447	1 023	647	3 492
资产负债率均值	37.35%	39.28%	23.90%	44.65%	38.99%

表3.4给出了企业家决策方式按照性别、年龄和教育程度分类的分布情况。从性别来看,相对于男性来说,女性企业家决策方式为指示型和概念型的比例要高于男性,而分析型的比例要明显低于男性,行为型和不明型的差别不大。从年龄来看,分析型比例基本随年龄递增,而概念型基本随年龄递减,指示型中20—30岁和40—50岁年龄段的比例要高于其他三个年龄段,行为型无明显规律。从教育程度来看,指示型中比例最高的是硕士及以上学历的企业家,分析型中比例最高的是大学(大专)学历的企业家,概念型中比例最高的是高中学历的企业家,而行为型中比例最高的是初中及以下的企业家,也就是说随着学历的上升,决策类型的分布逐渐由行为型向指示型集中。

表3.4 企业家性别、年龄、教育水平和决策方式类型的关系(%)

性别	指示型	分析型	概念型	行为型	不明型
男	24.84	37.01	5.52	6.17	26.46
女	28.93	27.41	10.15	6.60	26.90
年龄	指示型	分析型	概念型	行为型	不明型
20—30	30.00	32.00	8.00	8.00	22.00
31—40	23.48	31.98	9.31	6.88	28.34
41—50	29.58	35.69	5.79	7.07	21.86
51—60	23.53	38.56	5.23	4.58	28.10
61—70	22.22	44.44	0.00	5.56	27.78
教育程度	指示型	分析型	概念型	行为型	不明型
初中及以下	27.78	28.40	6.17	8.02	29.63
高中	23.83	33.16	9.84	6.74	26.42
大学(大专)	25.53	38.06	5.67	5.91	24.82
硕士及以上	44.44	33.33	5.56	0.00	16.67

接下来我们引入一个企业绩效的计量经济学模型,该模型实际上是基于生产函数的。

$$\ln \text{profit} = \alpha + \beta_i \sum \text{decisiontype}_i + \gamma_1 X + \gamma_2 Z + \varepsilon \quad (3.1)$$

式(3.1)中的被解释变量是企业当期的利润水平的对数值①,解释变量分为三个部分:企业特征的控制变量(X)、企业家特征的控制变量(Z)和本章的核心变量——企业家决策方式(decisiontype)。本章模型中企业家的决策方式包括指示型、分析型、概念型、行为型和不明型五种类型,其度量均采用虚拟变量形式。

除了企业家决策方式之外,我们还控制了其他企业家的个人特征和企业特征。企业家特征包括年龄及其平方项、性别、政治身份和教育水平,具体见表3.5。表3.5还列出了本章模型中所涉及的其他变量的名称和定义,从表中可以看出,我们控制了在通常文献里影响企业绩效的重要变量,包括资产规模、负债率、所有制等,另外还加入了员工的教育水平和企业内部收入差距。员工的教育水平代表着企业的人力资本,这个变量在其他文献中很少出现,这是因为对于研究企业问题而言,像员工教育水平这类指标,大样本的微观数据很难获得,因此通常不加控制,而本章的数据收集了每个企业各种学历的员工的数量,因此,可以计算出企业员工的平均受教育年限。企业内部收入差距是一个我们用来度量企业激励机制的指标,通常文献也没有加以控制。林浚清等(2003)的研究发现,更大的高管内部薪酬差距可以提升公司绩效。本章将收入差距的度量对象从高管扩展到所有员工,并利用企业家报告的内部最高收入和最低收入的比率来度量企业内部收入差距。我们认为,企业内部的激励机制不仅是对管理层的,而且也是对员工的。从理论上来说,如果企业内收入差距太小,会不利于对微观经济主体的激励,而如果企业内收入差距太大,又会让员工觉得不够公平,对企业绩效也不利。②因此,我们在模型中同时加入了企业内收入差距的一次项和平方项。

---

① 在我们的样本中,有57个观测值的利润水平小于等于零,最小为-280(万元),为使利润值取对数后不为缺失值,我们对利润数据做了简单处理,所有的利润值在原有基础上增加280.1。

② 在组织行为学中,员工的公平感是形成有效激励的重要因素。

表 3.5　模型所涉及变量的定义

	变量名称	变量符号	变量定义
因变量	利润水平	lnprofit	企业 2005 年利润取对数
企业家决策方式	指示型	directive	虚拟变量(是为 1,否为 0)
	分析型	analytic	同上
	概念型	conceptual	同上
	行为型	behavioral	同上
	不明型	vague	同上
企业控制变量	资产规模	lnasset	企业 2005 年总资产取对数
	资产负债率	debtratio	企业 2005 年资产负债率
	国有企业	stateowned	所有制为国有企业的虚拟变量
	员工教育水平	employeeedu	员工平均的教育水平
	企业内部收入差距	inequality	企业内部员工最高收入与最低收入比值
	企业内部收入差距平方	inequality2	收入差距的平方
企业家控制变量	企业家年龄	age	企业家年龄
	企业家年龄平方	age2	企业家年龄平方
	企业家性别	male	企业家性别为男性的虚拟变量
	企业家教育水平	entrepreneuredu	企业家教育水平
	企业家政治身份	political	企业家担任人大代表或政协委员的级别

3.3　实证结果

表 3.6 给出了企业绩效决定的计量结果,模型 1 中的解释变量只保留了企业因素(总资产、资产负债率、所有制、员工教育水平、企业内部收入差距),模型 2 的解释变量在模型 1 的基础上,增加了企业家的个人信息,包括企业家的年龄、性别、政治身份和教育水平,而模型 5 又在模型 2 的基础上,增加了企业家的决策方式。R^2 是模型的拟合优度,表示模型对现实数据的解释度。模型 1、2、5 的调整后的 R^2 分别是 0.2930、0.3084、0.3227,通过比较调整后的 R^2 我们可以发现,企业特征变量是决定企业绩效的主要因素,而企业家的个人特征能显著提高模型的解释力(调整后的 R^2 增加了 0.0154),当模型加入企业家决策方式后,模型的调整后的 R^2 增加了 0.0143。通过比较可以看出,企业家决策方式对企业利润的解释力相当于模型控制的其他企业家个人特征。模型 3、4、5 的解释

表 3.6 企业绩效决定方程的实证结果

自变量	模型 1	模型 2	模型 3	模型 4	模型 5	模型 6
总资产	0.2022*** (0.0255)	0.1764*** (0.0279)	0.1931*** (0.0272)	0.2034*** (0.0277)	0.1774*** (0.0278)	0.1731*** (0.0275)
资产负债率	-0.0045*** (0.0017)	-0.0046*** (0.0018)	-0.0043** (0.0018)	-0.0052*** (0.0018)	-0.0044** (0.0018)	-0.0045*** (0.0017)
国有企业	0.3387 (0.3298)	0.2818 (0.3346)	0.345 (0.335)	0.2766 (0.3418)	0.3078 (0.3321)	0.295 (0.3306)
企业员工教育水平	0.0313* (0.0178)	0.0286 (0.0190)	0.034* (0.019)		0.0242 (0.0194)	0.0242 (0.0189)
内部收入差距	0.0253** (0.0105)	0.0251** (0.0111)	0.0270** (0.0111)	0.0257** (0.0113)	0.0246** (0.0111)	0.0235** (0.0109)
内部收入差距平方	-0.00027** (0.000129)	-0.00026** (0.000136)	-0.00027* (0.00014)	-0.00024* (0.00014)	-0.00024* (0.00014)	-0.00023* (0.00014)
企业家年龄		-0.0195 (0.0450)	-0.00475 (0.0451)	-0.00388 (0.0451)	-0.00846 (0.0447)	-0.0093 (0.0446)
企业家年龄平方		0.00026 (0.0005)	0.000069 (0.0005)	0.000095 (0.0005)	0.000153 (0.00049)	0.00016 (0.00049)
企业家为男性		0.0194 (0.1192)	0.081 (0.123)	0.1094 (0.123)	0.0737 (0.1216)	0.058 (0.1187)
企业家政治身份		0.1005** (0.0469)	0.0979** (0.0472)	0.1155** (0.0473)	0.0947** (0.0467)	0.0987** (0.0464)

（续表）

自变量	模型 1	模型 2	模型 3	模型 4	模型 5	模型 6
企业家教育水平		0.0379**		0.0382**	0.0404**	0.0398**
		(0.0179)		(0.0174)	(0.0177)	(0.0177)
指示型决策方式			0.2692*	0.4449***	0.2919**	0.2403**
			(0.1505)	(0.1459)	(0.1425)	(0.0958)
分析型决策方式			−0.0035	0.1679	0.0134	
			(0.1438)	(0.1399)	(0.1425)	
概念型决策方式			0.1569	0.3031	0.1632	
			(0.2164)	(0.2168)	(0.2143)	
行为型决策方式			0.2082	0.3565*	0.2338	
			(0.2029)	(0.2048)	(0.2012)	
截距项	3.108***	2.937***	2.865***	2.408**	2.507**	2.6298***
	(0.217)	(1.005)	(1.006)	(1.018)	(1.008)	(0.9998)
R^2	0.3113	0.3426	0.3526	0.4016	0.3685	0.3618
调整后的 R^2	0.2930	0.3084	0.3090	0.3622	0.3227	0.3253
F 值	17.03	10.00	8.09	10.21	8.05	9.92
观察值	233	223	223	228	223	223

注：(1) 括号内的数值为参数估计的标准误。
(2) ***，**，* 分别表示在少于或等于 1%、5% 和 10% 水平上显著。

变量包括了企业因素、企业家个人特征以及决策方式,这三个模型的区别在于,模型3仅有企业员工的教育水平,模型4仅有企业家教育水平,而模型5则同时包含了两者的教育程度。

我们首先来看决策方式对企业绩效的影响,在指示型、分析型、概念型、行为型四种决策方式中,只有指示型决策方式在不同的模型里对企业绩效均有非常显著的正面影响,而其他三种决策方式基本上不显著。我们的研究发现了企业家的权威性对于企业绩效的重要性。与我们的发现相类似的是,贺小刚和李新春(2005)也发现,当董事长兼任总经理的时候,企业经营决策权相对集中,此时盈利水平显著高于其他情况。而且,无论对于长期的成长潜力还是短期的盈利水平,都具有显著的贡献。这也可以解释为什么2006年的全国范围调查,仍然显示有36.9%的私营企业主报告重大经营决策者为企业主本人,39.1%的报告一般管理决定者为主要投资人(中华全国工商业联合会,2007)。在模型4中,当把员工的教育水平从模型中去掉后,行为型决策方式对企业绩效也产生了正的影响,在10%的水平上显著,但此时指示型决策方式对企业绩效的影响变得更为显著,在1%的水平上显著,系数也大大提高。这说明,当企业员工的教育水平被作为控制因素时,企业家决策方式的重要性有所下降,这是符合直觉的。考虑到企业家分析型、概念型、行为型三种决策方式对企业绩效的影响总体上并不显著,模型6只保留了指示型决策方式,结果显示,指示型决策方式的显著性在模型5的基础上,得到了进一步的提高。从四个模型比较的结果来看,只有指示型决策方式对企业绩效的影响显著为正,而且相对比较稳定。在模型6中,指示型企业家所在的企业比其他企业利润水平要高大约24%。

在证实了企业家的决策方式对企业绩效产生显著影响之后,我们不禁要问,对于不同的企业和企业家,其影响程度是否会有差别呢?一个通常的认识是,企业在成长过程中,早期常常依靠企业家的权威来解决发展中遇到的问题。随着企业的扩张和管理的分散化,企业家权威和指示型的决策方式将更不容易获得成功。为了检验这一认识在我们的数据中是否成立,我们在模型6的基础上,引入了指示型决策方式与企业规模的交互项。如表3.7所示,模型7的结果显示,这一交互项显著为正,这说明

表 3.7　企业家指示型决策方式非线性作用的实证结果

自变量	模型 7	模型 8
总资产	0.1503***	0.1722***
	(0.0305)	(0.0274)
资产负债率	-0.0046***	-0.0042**
	(0.0017)	(0.0017)
国有企业	0.2785	0.2672
	(0.3292)	(0.3294)
内部收入差距	0.0212*	0.0207*
	(0.0110)	(0.0110)
内部收入差距平方	-0.0002	-0.0002
	(0.000136)	(0.000136)
企业家年龄	-0.0047	-0.0070
	(0.0445)	(0.0444)
企业家年龄平方	0.00012	0.00013
	(0.00049)	(0.00049)
企业家为男性	0.0671	0.0441
	(0.1183)	(0.1184)
企业家政治身份	0.0896*	0.0927**
	(0.0465)	(0.0463)
企业员工教育水平	0.0219	0.0231
	(0.0188)	(0.0188)
企业家教育水平	0.0407**	0.0239
	(0.0176)	(0.0199)
指示型决策方式	-0.2298	-0.5823
	(0.2916)	(0.4862)
指示型决策方式×总资产	0.0821*	
	(0.0482)	
指示型决策方式×企业家教育水平		0.0590*
		(0.0342)
截距项	2.6788***	2.8533***
	(0.9957)	(1.003)
R^2	0.3705	0.3708
调整后的 R^2	0.3314	0.3316
F 值	9.46	9.47
观察值	223	223

注:(1) 括号内的数值为参数估计的标准误。
　　(2) ***,**,* 分别表示在少于或等于 1%、5% 和 10% 水平上显著。

指示型决策方式对企业绩效的促进作用随着企业规模的增加而增加。实际上,这个结果也是合理的,当市场、体制、宏观、政策等因素导致中国企业决策面临不确定性时,企业规模的增长将会放大这种不确定性,如果指示型的企业家更能够有效地应对决策的不确定性,那么,规模较大的企业就更需要企业家的这种决断力了。

那么,什么样的企业家采取指示型的决策方式更为有效呢?指示型的决策方式是否成功严重地依赖于企业家的个人人力资本水平。一个直觉是,教育水平较高的企业更有能力采取具有独裁性质的指示型决策方式来提高决策的正确性。因此,在模型8中,我们加入了指示型决策方式和企业家教育水平的交互项,结果发现,这一交互项显著为正,表明教育程度越高的企业家,当其决策方式为指示型时,对企业绩效的提升作用越大。需要指出的是,在模型7、8中,指示型决策方式的一次项变得不显著,这既可能与本章的样本量不够大有关,也可能说明,指示型决策方式对企业绩效的积极影响主要在规模较大的企业和教育水平较高的企业家那里才得以体现。

本章的研究重点是企业家决策方式对企业绩效的影响,我们的计量结果显示,具有指示型决策方式的企业家对企业绩效有显著为正的影响。而国外的经验研究表明,一般来说,民主型的决策方式更加有利于企业价值的提升(Pearce 和 Zahra, 1991; Gompers 等, 2003)。之所以本章得出了与国外经验相反的结论,首先可能是数据和指标定义的问题,也可能在于中国与成熟市场经济国家所处的发展阶段和企业生存环境不同。在现阶段的中国,大多数企业无论是技术研发方面的硬实力,还是管理营销方面的软实力,和以美国为代表的发达国家的先进企业尚有不小的差距。在这一阶段,学习和模仿行业内先进企业的技术、管理手段,是缩小和先进企业差距的最优途径。相对于自主创新路线而言,采取"跟随模仿"策略对企业的要求更多的是企业的执行力,企业管理中的信息复杂程度要远远低于发达国家采取"创新策略"的企业,这时,独裁型的企业家在企业中往往享有绝对的管理权威,独裁型的决策方式有可能通过减少决策时间,提高决策效率,降低交易成本来改善企业的经营绩效。但是,随着企业实力的提升,与先进企业差距逐步缩小,通过模仿所取得的收益就会越来越小,此时就必须走自主研发、自主创新的道路,来继续推动企业的发展,也就是说当企业从跟随者成长为领跑者后,创新就成为保持企业生命力的主要手段。在这个阶段,企业管理中的信息复杂程度大大提高,对员工的激励显得更为重要,民主型的决策方式更有利于激发企业内的创新活动(Acemoglu等,2006),也就有利于企业绩效的提升。

换句话来说,在中国企业目前所处的阶段,企业决策所面临的不确定性主要不是来自创新和技术,而主要来自市场、体制、宏观、政策这些方面,这时,企业家个人的决断力至关重要。但以后,随着企业发展阶段的提高,当企业决策所面临的不确定性主要来自创新和技术时,企业家的决策将需要来自各类技术专家的知识,这时有利于收集专业信息的民主型决策方式将更为重要。特别是在中国,企业家指示型决策方式的重要性可能在很大程度上与企业家拥有一些资源有关,比如政企纽带,类似资源是影响企业发展的,而且是个人拥有的,难以继承的,这就使得企业家的指示型决策方式对企业发展的作用被提高了。当然,这只是我们对本章的研究结论与既有研究发现的差异给出的一种解释,这种解释是否成立本身是一个值得深入研究的课题。

下面我们对企业绩效的一些其他影响因素做些分析。我们在模型3中保留了企业员工的教育水平变量,而在模型4中保留了企业家教育水平,模型5则同时保留了员工和企业家的教育水平。通过比较可以发现,在模型3中企业员工的教育水平对企业绩效的影响显著为正,在模型4中企业家教育水平对企业绩效影响显著为正,而且后者的显著水平要高于前者。Bates(1990)、贺小刚和李新春(2005)同样发现企业家的教育水平对企业绩效有正向促进作用。在同时保留员工和企业家教育水平的模型5中,企业家的教育水平仍然显著,而员工的教育却不再显著,这说明高教育的企业家也雇用更高教育的员工,而且,相对于员工的教育水平而言,企业家教育水平对企业绩效的影响更为重要。通过比较模型3和模型5可以发现,如果在控制了企业家的教育水平后,员工教育水平的系数也有所下降。

在反映企业家个人特征的变量中,企业家政治身份的系数稳定地显著为正。本章中企业家政治身份的度量,是采用企业家担任人大代表或政协委员的级别(本章假设同一级别的人大代表和政协委员政治地位相当),比如说"1"代表不担任政治职务,"2"代表担任乡镇人大代表或政协委员,"3"代表担任县级人大代表或政协委员,以次类推。结果显示,企业家的政治身份每提高一个级别,企业利润大约提高10%左右。由于政治身份是非连续的,因此,我们也尝试过将其处理成为几个哑变量,不担任政治职务、乡镇一级、县一级、地市一级、省级分别代表不同的级别,以不担任政治职务为参照组,计量结果表明,担任县级和省级代表职务的企业家,其企业绩效显著高于不担任代表职务的企业家所在的企业,而乡镇一级和地市级的政治身份影响不显著,令人吃惊的是,担任省级人大代表或政协委员的企业家所在企业的利润水平几乎是不担任任何职务的企业家所在的企业利润水平的180%左右。但是,企业家政治身份与企业绩效是否存在联立性内生性问题呢?企业家担任政府官员,有助于企业和政府保持良好关系,更多更好地利用来自于政府的资源(包括信息、项目、政策扶持,等等),从而提高利润水平。而随着企业绩效的提升,随着企业规模的增长,企业家也有可能获得相应的政治地位(陈钊等,2008,参见本书第4章)。由于本章的被解释变量反映的是企业"当期"的绩效,而政治身份的获得大多数情况下是在"当期"之前,因而"联立性"内生性偏误可以得到一定程度的缓解,但我们不能排除企业绩效和企业家政治身份同时受到企业过去绩效影响的可能性,这实际上是一种由于遗漏变量造成的内生性偏误。

此外,企业家的年龄和性别都不显著,而 Arshakuni 和 Kamionka (2004)对新生企业的实证研究发现,企业家年龄和企业绩效表现呈倒"U"形关系,男性企业家所在的企业表现显著优于女性。我们的理解是,由于中国经济发展迅速,企业更新换代快,使得由年龄所表征的企业家经验显得不重要。而性别在中国不重要,可能与中国总体上是一个性别较为平等的国家有关。

比较一下显著影响企业绩效的企业家因素的系数也是非常有趣的。由于被解释变量是取了对数的企业利润,因此,解释变量的系数表示一单位的自变量变化所引起的被解释变量变化的百分比。我们的讨论将基于控制变量最为完整的模型5,从中我们可以看出,企业家的人大代表或政协委员身份每提高一个级别,企业的利润相应提高 9.47%,而企业家教育水平每提高 1 年,利润提高 4.04%。也就是说,1 年的教育大致相当于半级的政治身份。相比之下,如果一个企业家的决策方式从不明型变成指示型,其利润水平相应提高 29.19%,这个效应非常大,相当于政治身份提高三个级别,或者教育水平增加 7 年。

在反映企业特征的变量中,总资产对绩效的影响显著为正,而资产负债率对绩效的影响显著为负,这与现有的中国企业绩效实证研究的结论是一致的(施东辉,2000;姚俊等,2004;白重恩等,2005)。企业的资产越大,就越有可能产生规模效应,扩大市场份额,降低单位成本,从而提高企业绩效。而资产负债率的增加不利于提高企业绩效,这一方面是由于负债水平越高意味着企业需要偿付较多的利息,财务费用的提高减少企业利润;另一方面是因为负债率越高,就越会增加企业破产清算的风险,更有可能缺乏现金流,从而限制企业的发展机会。在我们的样本中,企业的所有制(是否为国有企业)对企业绩效并无明显的影响,这与贺小刚和李新春(2005)的研究结果相一致,也可能是因为我们的样本中国有企业的样本量太小。

本章的另一个有趣的发现是,企业内部收入差距对企业绩效的影响呈倒"U"形关系,这说明,对于企业的利润而言,的确存在着企业内部的最优收入差距。在既有的经济学研究中,收入差距在宏观上已经被发现不利于经济增长(陆铭等,2005;Wan 等, 2006),但是从企业的微观层面上来说,如果收入差距太小,会不利于对微观经济主体的激励,将对企业发展不利。本章利用企业家报告的内部最高收入和最低收入的比率来度量企业内部收入差距,因为缺乏企业所有员工的收入数据,我们未能更为准确地测量企业内部的收入差距。计量结果表明,企业内部收入差距对企业绩效的影响先上升后下降,的确存在一个最优收入差距值,在本章的四个模型中,其最优值相当接近,都落在 50—54 倍这个区间内。也就是说,在本章的调查样本中,在其他因素都相同的情况下,当企业内部最高收入和最低收入比值为 50 左右的时候,企业的利润水平最高。值得一提的是,在本章的调查样本中,99% 的企业收入差距在 50 倍以下,也就是说大部分企业的收入差距是偏小的。需要特别强调的是,企业内部收入差距与企业利润之间的关系还取决于一个地方的文化和制度环境等因素,因此,本章所发现的最优企业内部收入差距数值不能随意推广到其他地区,但是,存在最优的企业内部收入差距这个结论本身是有一般意义的。

3.4 小结

本章利用企业家和企业相互匹配的数据,研究了企业家决策方式对企业绩效的影响,同时也考察了企业特征和企业家特征对企业绩效的影响。我们的主要结论是,当企业家的决策方式为"指示型"(具有一定的独裁特征)时,对企业利润产生显著为正的影响,而其他类型的决策方式对企业绩效并无显著的影响。企业家的决策方式对企业绩效的影响无论在系数还是其显著性上都是很高的。企业规模越大,企业家教育程度越高,指示型决策方式对企业绩效的促进作用越大。本章还发现,教育程度更高和政治身份更高的企业家所在的企业有更高的利润水平。与此同时,我们也发现企业的资产规模对企业利润有显著为正的影响,而资产负债率的影响显著为负。企业内部收入差距对企业绩效的影响呈先上升后下降的倒"U"形关系,因此,存在最大化企业利润的最优收入差距。

本章有关独裁型企业决策有利于提高企业利润的结论不同于发达国家经验研究的结果,其原因可能是中国企业和国外企业所处的发展阶段不一样,中国大部分企业现阶段主要以学习模仿先进企业为主,企业决策面对的信息相对比较简单,因此独裁型的决策方式可以通过减少决策时间,提高决策效率,降低交易成本来改善企业绩效。不过,这些理解是否正确还需要做进一步的实证研究。此外,也有可能因为独裁型企业家管理的企业绩效差异比较大。如果独裁型企业家的决策是正确的,那么,独裁型决策的效率比较高,对企业有益。但是,如果独裁型企业家的决策是错的,那么,这种错误的决策就可能使企业走向失败,甚至破产和关闭,因此,本章的结论完全可能仅适用于仍然生存着的企业。对于这种可能性,我们无法用目前的数据加以验证,因为,这样的研究不仅需要企业家和企业相匹配的数据,而且需要对企业进行跟踪,形成面板数据。

企业家参政议政:政企纽带的建立[①]

上一章中,我们发现企业家采取带有独裁型的决策方式与企业绩效是正相关的,同时,我们也发现,企业家如果拥有人大代表或政协委员的政治身份,也与更高的企业绩效正相关。而企业家的独裁型决策方式之所以重要,完全有可能——至少部分,是因为政企纽带完全依附于企业家个人,企业需要将决策权赋予企业家来充分地发挥政企纽带的作用。政治配置经济资源,研究政治体制对理解市场经济体制的运作至关重要。在中国,研究非公有企业的企业家参政议政的影响因素,是理解这个转型与发展中大国的政治和经济体制的未来走向的重要视角。

企业涉足政治(political connections)被认为能够显著提升企业的价值(Fisman, 2001),例如,企业可以因此而获得更好的税收政策或贷款政策(Faccio, 2006; Khwaja 和 Mian, 2005)。在发达国家中,企业家及其代理人通过竞选而成为议员,或者以利益集团游说的形式来确保企业的利益,是企业家们以非市场的手段来实现自身意图的重要途径。在转型经济中,除了传统的企业家能力之外,企业家的政治身份显然有助于提高民营企业与政府的交往能力,从而有利于企业发展。Allen 等(2005)认为,中国之所以能够在法律对投资者的保护不完善的情况下取得高速的经济发展,原因在于中国有替代的机制来对投资者进行保护。而政治身份可能就是在中国存在的替代法律保护的机制之一,并有利于企业获取资源或发展企业(胡旭阳,2006)。最近,有关中国民营企业政企纽带的作用

---

① 我们要特别感谢陈钊和何俊志为本章的研究所做的贡献。

的中文文献也发表了不少,我们在第 2 章里提供了一个简短的综述,这里不再重复。这一章我们重点研究什么样的企业家在参政议政。利用中国的企业调查数据,李宏彬等人考察了中国民营企业家参政议政的决定因素。他们发现,越是市场制度发育不完善的地方,民营企业家就越可能参政议政,因而,参政议政也被视为在转型国家的市场和制度不完善条件下民营企业家的一种积极的应对措施(Li 等,2006)。

然而,一个容易忽略的现象是,随着时间的推移,中国的市场化程度在不断提高;而与此同时,非公有企业的企业家参政议政的现象也越来越普遍。换句话说,企业家参政议政与体制的市场化进程并不是相互替代的。在 20 世纪 90 年代早期,刚刚成长起来的民营企业有不少借助"戴红帽子"(wearing a red hat)的方式来寻求政治庇护以及获取当地政府在能源、金融等稀缺资源供应上的支持(Che 和 Qian,1998;Naughton,1994)。随着非公有企业在政治上的地位越来越高以及外部市场的日益完善,企业就有了摘掉"红帽子"的想法。在中国共产党第十五次全国代表大会上,"以公有制为主体、多种所有制经济共同发展"第一次被确定为中国社会主义初级阶段的基本经济制度。此后,全国各地都出现了摘掉"红帽子"的现象。缺少"红帽子"的民营企业并没有因此与政治划清界限,相反,非公有企业的企业家们开始越来越主动地加入参政议政的行列。《中华工商时报》于 2003 年 12 月 29 日发布了该报评出的"2003 年中国民营经济十大新闻",其中之一便是"民营企业家的政治之舞拉开序幕"。据该报称,在第十届全国政协委员中,至少有 65 名来自非公有制经济阶层,占所有委员的比例至少有 2.9%,人数和比例均超过上届。据温州市工商业联合会的统计,2006 年该市工商联会员中担任县级及县级以上人大代表、政协委员的有 956 人(次),均来自民营企业,比上届增加了 414 人(次),民营企业家的参政议政人数在显著上升。这就是说,来自非公有企业的企业家参政议政,不只是对市场或制度不完善的一种应对行为。也许应该这样说,企业家参政议政本身就是市场制度的一个部分,所谓的"完善的市场经济体制"本身就只是一个理论参照,而不是现实。

为什么在市场制度日益完善、政治风险也越来越小的时候,中国的非公有制企业参政议政的现象却更加普遍?在解释中国的企业家进入代议机构时,应该注意到,中国选举市场的发育并不充分,在这一背景下,决定什么样的企业以何种方式进入代议机构的因素,显然有着"自上而下"的来自政治制度和政治性政策的安排。然而,我们也不能否定,在意识形态障碍清除之后,非公有企业的企业家参政议政也是他们在积聚财富的同时提高政治地位的一种途径,因而带有"自下而上"的特征。基于这样的假设,我们利用来自广西柳州市的企业与企业家调查数据,考察了具有怎样特征的非公有制企业企业家更可能以人大代表或政协委员的身份参政议政。研究结果显示,企业家的政治背景(按重要性依次为:民主党派成员、母亲为领导干部、中共党员)是显著增加企业家参政议政概率的最为重要的因素。此外,企业的实力、企业的历史和企业家的年龄也有助于企业家参政议政。相反,企业家的受教育水平以及是否为城市户口对参政议政的概率并无明显影响。

我们的研究显示,企业家个人政治身份与家庭背景以及企业的实力都显著提高了非公有企业企业家参政议政的可能性。如果说企业家个人政治身份与家庭的政治背景都是现有政治制度下一种正式权力的话,那么,企业实力则反映了一种正式制度之外的凭借掌握更多资源而取得的一种"权势"。也就是说,当前的政治制度以及现实中的资源分配分别通过正式的和实际的政治权力而影响着未来的政治制度。这就部分地验证了 Acemoglu 等人提出的经济与政治互动的理论(Acemoglu,Johnson 和 Robinson,2005)。在中国建设社会主义民主政治的过程中,非公有企业的企业家群体参政议政可能影响未来政治体制改革的方向,通过考察非公有企业企业家参政议政的决定因素,本章也有助于我们思考这股力量可能对中国政治和经济体制的未来走向产生怎样的影响。

现有文献对转型与发展中国家的企业涉足政治的实证研究相当多,这些研究基本上都强调转型与发展中国家的制度或市场不完善使得企业需要涉足政治以谋取利益(相关的文献概述可参见 Li 等,2006)。相比之下,与本章密切相关的对中国非公有制企业企业家参政议政的实证研究并不多见,仅有的一篇文献来自李宏彬等人利用中国民营企业调查数据的实证研究(Li 等,2006)。他们发现,越是在制度或市场不完善的地方,民营企业家就越可能参政议政。与该文相比,我们更强调企业家参政议政是市场体制发育的一个部分,而不是相互替代。同时,我们在调查问卷中区分了企业家在哪一级人大或政协中参政议政,因此本章能够展现影响企业家参政议政的因素是否已经影响到了他们参与较高层次的代议机构。在解释变量中,我们不仅控制了企业家家庭的政治背景(父母是否有领导干部身份),还区分了中共党员与民主党派这两个重要的个人政治身份对企业家参政议政可能性的影响。实证结果发现,这些因素的影响都是显著的,并且家庭政治背景与民主党派的身份有着比中共党员身份更为重要的影响。这一发现表明,企业家的参政议政不仅是共产党员身份在人大和政协中的一种延伸,更是对其他民主党派政治开放的一个重要渠道。同时,在西方政治体制下存在的代际之间政治权力的传承,似乎在中国的企业家参政议政中也有所体现。

本章接下来的内容安排如下。第二节简要回顾中国非公有制经济特别是民营企业的政策环境的变化过程,提出我们将要验证的若干假说,第三节对实证检验所选取的数据加以说明,第四节是实证研究的结果,最后为结论。

4.1 企业家参政议政的背景

中国的非公有经济,特别是民营企业是在制度的夹缝中成长起来的。改革开放之初,20 世纪 80 年代初期出现的个体户是民营企业的萌芽。1982 年 12 月 4 日,第五届全国人大第五次会议通过的《中华人民共和国宪法》第一次承认了个体经济的合法地位,但直到 1988 年,雇工 8 人以上的私营经济才正式取得合法地位。① 然而,1990 年前后,民营经济的发展再次受到意识形态的干扰,集中表现为关于姓"资"姓"社"的争论,直到

---

① 1988 年 4 月,第七届全国人大第一次会议通过《中华人民共和国宪法修正案》,第一条修正案说:"宪法第十一条增加规定:'国家允许私营经济在法律规定的范围内存在和发展,私营经济是社会主义公有制经济的补充。国家保护私营经济的合法的权利和利益,对私营经济实行引导、监督和管理。'"相信很多读者都知道,私营经济的定义为"雇工 8 人以上",只是因为马克思在《资本论》中曾经写道,在当时(19 世纪中叶),雇工 8 人以下,自己也和工人一样直接参加生产过程的,是"介于资本家和工人之间的中间人物,成了小业主",而超过 8 人,则开始"占有工人的剩余价值",是资本家。这个在今天看来有点可笑的定义,也常常被人用来作为教条化的马克思主义的例子。

1992年邓小平同志的南方讲话之后,中国的民营企业才真正得到快速的发展。此后,国有集体企业的转制、民营企业摘除"红帽子"等现象纷纷出现,制度在朝着有利于非公有经济发展的方向变化。1999年3月,第九届全国人大第二次会议通过的《宪法修正案》,第一次指出"个体经济、私营经济等非公有制经济是社会主义市场经济的重要组成部分",从法律上保护了民营经济的发展。2001年7月1日,江泽民总书记在建党80周年大会上的讲话中,第一次把民营企业家定位为"有中国特色的社会主义事业建设者"。这被视为民营企业家取得政治地位的一个突破。此后,全国有近600名个体经营者、民营企业家相继当上了劳模,还有的当选为省级的工商联会长,有的甚至参加了省、市中国共产党代表大会。到了2002年前后,越来越多的民营企业家以"两会"代表的身份参政议政。新华社曾如此报道:"在中共十六大结束后的短短两个月里,一批非公经济人士迅速登上中国政治舞台,其数量之众为新中国成立以来所罕见,有的人获得了较高的职位。"①

与李宏彬等人(2006)的定义相同,本章也以是否成为各级人大代表或政协委员这一标准来界定企业家的参政议政。在中国,人民代表大会是法定的权力机关,而政协则起到参政议政以及对中国共产党和政府行使民主监督职责的作用。成为人大代表或政协委员就意味着对政策的制定与执行拥有更为直接有效的影响力。② 事实上,我们了解到,从制度上来说,人大代表身份只能在企业家的户籍所在地获得,而政协委员身份则可以在几处兼任。

接下来的问题是,在中国,怎样的非公有企业企业家更可能成功实现参政议政?在理论上,Acemoglu等人关于经济与政治互动的理论为我们提供了一个可行的分析框架(Acemoglu, Johnson和Robinson, 2005)。他们认为,正式的政治制度决定"正式的政治权力",资源的分配则决定"事实的政治权力"。两者共同决定当前的经济制度与未来的政治制度,并且经济制度又决定当前的经济绩效以及未来的资源分配。与上述理论相对应,我们可以预期,规模较大企业的企业家更可能凭企业的经济实力而拥

---

① 新华社北京2003年1月22日电。
② 关于人大和政协的更为详细的背景性介绍可参见Li等(2006)。

有更多"事实的政治权力",从而更可能实现参政议政。我们还可以预期,有着较长历史的企业会更好地积累与当地政府或官员的关系,因此该企业的企业家也更可能参政议政,这也是李宏彬等(Li 等,2006)加以控制的一个解释变量。此外,在现有的政治制度下拥有"正式的政治权力"的企业家也更可能参政议政。在中国,这种正式的政治权力可能来自家庭的政治背景,如父亲或母亲是干部,也可能来自企业家自己的中共党员或民主党派身份。①

除了理论分析之外,来自现实的观察也有助于我们理解企业家参政议政的影响因素。中国现行的选举制度和操作过程为企业家参政议政提供了至少四条通道。

第一条通道是,无论是直接选举和间接选举产生的代表,还是协商产生的委员,都有可能通过协商渠道进入人大或政协。在候选人的提名阶段,都存在着一种"各政党和各人民团体联合提名"的通道。在代表选举的准备阶段中,各级人大常委会党组要根据代表比例构成的总体要求,提出少数民族、工农、干部、妇女和民主党派等方面的比例要求,主动同党委有关部门协商,并与党委组织部门对拟提出的代表候选人进行摸底排队(蔡定剑,2002,第 46 页)。党委的组织和统战部门在考虑由组织联合提名的名单时,各民主党派和工商联的成员是当然的考虑对象。与此同时,由于政协委员的产生主要是由协商的方式进行,而构成政协委员来源的 34 个界别中,各民主党派、工商联、经济界、农业界和医药卫生界,都是一部分企业家进入政协的主要通道。

第二条通道是,中国各级人民代表大会在进行选区划分时,并没有完全以地域为基础。根据《选举法》第二十四条的规定,选区可以按居住状况划分,也可以按生产单位、事业单位、工作单位划分。在实际操作中,尤其是在城市,各级人大常委会常常采用的是按系统划分和按地域划分相结合的方式来划分选区。所谓按系统划分选区,是指在某一行政区域内

---

① 作为执政党的中国共产党为了解决代表的广泛性问题,对人大或政协成员的党派构成比例有一定的要求。例如,在 1987 年中共中央统战部、全国人大常委会办公厅印发《关于县级人大、政协换届中党外人士比例下降情况的报告及意见》的通知中就正式确认:县级人大中党外代表所占比例,原则上应与上届相同(35%);县级政协换届中,应继续按政协委员中共党员最高不超过 40%,党外人士不低于 60% 的规定执行(程子华,1990)。

客观上就存在着职工数量众多的企业集团,在进行选区划分时,选举机构常常将一些大型的企业集团直接划分为一个或数个选区;所谓按地域划分选区,是指纯粹按照选民的户口所在地或居住地而划分选区。在一些大型企业集团比较集中的地区,单位选区常常会占相当大的比例。对于本级政府直属的大型国有企业集团,各级选举委员会也常常会将他们划分为国资、金融、贸易、交通等系统选区,从而使得这些系统选区的代表性一般都要大于以地域为基础而划分的选区。近年来,中国出现了大量的经济开发区,开发区的最大特点就是企业密集。由于开发区中的企业常常既无主管单位,又大多是非国有经济,而且也与街道或乡镇又没有隶属关系,在选举的时候常常被划分为单位选区或以居住地为基础的选区。这种将非国有企业密集的地方单独划分为选区的做法,就在客观上为一些非国有企业的负责人,尤其是一些大型的非国有企业负责人进入代议机构提供了方便。

第三条通道是,选举名额确定的双层操作模式,使得一些基层领导人主动为企业负责人进入代议机构提供了更大的方便。所谓名额确定的双层操作模式是指,在某一级的人大代表选举时,该级的人大常委会只负责确定下属各行政区域的代表名额数量和大致的构成比例,下一级的党委和人大常委会则负责具体落实这些名额和比例。例如,在选举省级人大代表时,省级人大常委会只是将名额和构成比例分配到下属的各县市。各县市的领导班子在落实这些名额和构成比例的过程中,在提出候选人环节有比较大的空间。例如,在某县选举省级人大代表的过程中,县级党委和人大常委会只需明确落实两个方面的指标,一是将上级党委分配到本县的候选人作为组织联合提名的候选人推荐给主席团;二是代表的总体结构符合比例要求。除上级党委要求推荐的人选外,县级党委和人大常委会则主要是根据本地政治和社会经济发展的需求来提名推荐候选人。正是在这一环节中,一些地方的领导人常常为了留住一些纳税大户,或者是激励那些为本地的社会经济发展做出贡献的企业负责人,而倾向于将他们也作为推荐的候选人。

当然,上述的三条通道并没有完全涵盖企业家进入代议机构的全部渠道。例如,一些不能够单独被划分选区的中小企业,其负责人也有可能在某一社区中具有重要影响,而被社区组织或居民推荐为候选人甚至选举为代表。但是,相对于前述的三条主要通道而言,中小企业的负责人显然更加缺少被提名或者被选举为代表的机会,尤其是当一些地方的选举机构将中小企业与大企业捆绑为一个选区时,小企业的负责人常常很难有机会通过选票而进入代议机构。

上述几种通道都在客观上更加有利于在资金和人员规模上占优势的大型企业的负责人参政议政。由于国有企业和非国有企业都存在着相对独立的通道,因此企业本身的所有制属性并不构成影响二者进入代议机构的因素,这一点在我们的研究中也被证实。

在企业家个人的政治资本方面,党派属性是决定其能否进入政治系统的重要影响因素。这是因为,具有党派属性的企业家就在企业特征之外新增了政治可靠性的特征,同时也更为有利于相关机构处理代表构成比例问题。因此,具有中共党员身份的企业家,就可能会比不具有党派身份的企业家更有可能进入代议机构。但是,由于中共党员在各级人大中有不超过65%,在各级政协中不超过40%的比例约束,由此会导致那些具备民主党派身份的企业家进入这些机构的可能性会大于具备中共党员身份者。

最后,中国的《中华人民共和国全国人民代表大会和地方各级人民代表大会代表法》为代表的身份设定了某些抽象的义务,如模范地遵守宪法和法律,保守国家秘密,在自己参加的生产、工作和社会活动中,协助宪法和法律的实施。在选举过程中也一直就有对候选人的背景进行排队摸底的做法;选举结束之后还有代表的资格审查。这三道门槛的存在可能也会导致资历、年龄和家庭背景等因素成为影响某些企业家能否进入的影响因素。

4.2　企业家参政议政的数据描述

本章使用的数据来自于复旦大学2006年在广西柳州市展开的企业与企业家调查,问卷由广西柳州市工商联以匿名方式发放与回收。有关问卷发放的信息我们已经在第1章中有所介绍了。在问卷中我们收集了有关企业家和相应企业的信息。企业家信息包括性别、年龄、政治面貌（是否党员、民主党派成员）、教育程度、户籍、家庭背景（父亲或母亲是否为官员）等，企业信息包括企业的注册资本、所有制性质、企业历史、财务表现以及员工的信息等。

根据研究需要，我们将被解释变量设为企业家担任人大代表或政协委员的级别。在作为有效样本的831位企业家中，担任各级人大代表或政协委员的人数为144位，占有效样本的17.33%，其具体分布见表4.1。

表4.1 企业家担任各级人大代表或政协委员的比例

是否是各级人大代表或政协委员	全部样本		非公有企业	
	人数	比重(%)	人数	比重(%)
1. 不是	687	82.67	628	82.41
2. 乡镇一级	42	5.05	38	4.99
3. 县区一级	56	6.74	53	6.96
4. 地市一级	43	5.17	40	5.25
5. 省级	3	0.36	3	0.39
6. 全国	0	0	0	0
合计	831	100.00	762	100.00

注：本表全部样本数为831家企业，包括了没有报告所有制类型的企业。

在报告了所有制类型的783家企业中，有762家属于非公有企业，其中，企业家参政议政的比例为17.59%。在非公有企业样本中，有389家企业为私营企业，这些私营企业家参政议政的比例为14.1%，其他非公有制企业373家，企业家参政议政比例为21.2%。

表4.2给出了非公有企业的企业与企业家相关信息。第一组的企业特征变量包括企业的注册资本、雇用人数和企业历史。另一组关于企业家特征的变量包括：(1) 企业家的年龄；(2) 企业家的政治面貌，我们分别定义了企业家是否中共党员和是否民主党派党员两个哑变量；(3) 性别哑变量，男性为1，女性为0；(4) 教育，为了表示出每一种教育程度的影响，我们根据企业家的教育程度，以小学以下为基准，分别设了6个哑变量，分别表示从小学到研究生的不同教育程度；(5) 户籍哑变量，以农

村户籍为 1,城镇户籍为 0①;(6) 家庭背景,我们分别定义了企业家父母双方的身份哑变量,如果父母迄今为止的级别高于军队中的尉官(排连级)或者行政级别中的县处级以上,则政治身份哑变量为 1,否则为 0。

表 4.2 非公有企业企业家参政和未参政样本的比较

变量	参政样本		未参政样本		两组样本比较
	样本量	均值(比例)	样本量	均值(比例)	均值(比例)之差
1. 企业特征					
企业注册资本(万元) capital	126	645.774	572	234.162	411.611***
企业雇用人数 employment	121	160.141	545	58.958	101.183***
企业历史 year	126	10.524	572	7.371	3.153***
2. 企业家特征					
年龄 age	132	46.152	590	41.608	4.543***
政治面貌					
中共党员 party	143	0.403	628	0.218	0.185***
民主党派 otherparty	134	0.052	628	0.003	0.049***
男性 male	134	0.821	605	0.769	0.052
教育					
小学 edu2	134	0.045	628	0.014	0.030**
初中及初中中专 edu3	134	0.164	628	0.161	0.003
高中及高中中专 edu4	134	0.201	628	0.242	−0.041
大专 edu5	134	0.381	628	0.331	0.049
本科 edu6	134	0.172	628	0.193	−0.021
研究生 edu7	134	0.030	628	0.021	0.009
农村户籍 rural	134	0.075	628	0.083	−0.008
家庭背景					
父亲为官员 fatherrank	134	0.082	628	0.064	0.018
母亲为官员 motherrank	134	0.030	628	0.014	0.016

注:*** 和 ** 分别表示两组样本的均值之差在 1% 和 5% 水平上显著异于 0。

在表 4.2 中,我们对非公有企业家中参政和未参政的样本进行了描述性统计,并比较了两者的均值(或比例)。我们发现,在企业规模、企业历史、企业家政治面貌方面,有企业家参政议政的样本的均值(或比例)都明显地高于全体样本。与未参政议政企业相比,参政议政企业的注册资本与雇用人数将近前者的 3 倍,企业历史也平均超出 3 年。参政议政企业家的年龄要比未参政议政企业家大 4 岁多,特别突出的是,参政议政企业家中党员的数量是未参政议政企业家的将近 2 倍,而参政议政企业

---

① 我们的样本中也包括了 3 位外籍或港澳台企业家,这部分样本在做计量模型时没有被包括进去。

家中民主党派的数量却是未参政议政企业家的10倍以上。也就是说,民主党派身份的非公有企业企业家参政议政的可能性相当高,这很可能是因为,由于对中共党员在各级人大与政协中的比例有所限制,而非公有企业家之外已经有相当比例的中共党员参政议政,这就导致非公有企业中,那些具有民主党派身份的企业家比中共党员身份的企业家更可能获得参政议政的机会。

当然,上述粗略的统计描述所包含的信息是有限的,我们将在下一节借助计量模型来考察非公有企业中企业家参政议政的决定因素。

4.3 企业参政议政的决定因素

本节中,企业参政议政的决定因素模型的被解释变量是非公有企业的企业家参政议政的级别。由于问卷收集的数据中,担任人大代表或政协委员的企业家从乡镇一级、县区一级、地市一级到省级的都有,问卷中的级别代码也表明了级别的高低,因此,我们的计量模型采取了用于有序离散被解释变量的 ordered probit 模型。

根据理论假设,我们的计量模型包含了两类解释变量。一类解释变量衡量企业特征,包括企业注册资本、雇用人数以及企业历史。[①] 另一类解释变量衡量企业家的个人及家庭特征,包括企业家的年龄、政治面貌(中共党员或民主党派成员)、性别、教育程度、户籍特征以及家庭背景(父亲或母亲是否为官员)。上述变量在 Li 等(2006)的研究中基本都被控制,但也有两个例外。其一是政治面貌,与 Li 等人的研究相比,我们不仅控制了企业家的中共党员身份,而且还控制了民主党派身份,因为民主党派是中国参政议政的一股主要力量。其二是我们还在计量模型中控制了家庭背景,即父母亲是否为一定级别的政府或军队的官员,借此我们想考察企业家的参政议政是否与其父母的政治地位密切相关。

[①] 在李宏彬等人(Li 等,2006)的研究中,企业历史与企业家经验都显著影响企业家参政议政,但本文选择了企业家工作年限、本行业工作年限、本企业工作年限、本岗位工作年限等多种企业家经验的定义,都没有发现企业家经验对其参政议政有显著影响,因而在以下的计量分析中,我们没有包括企业家经验这一变量。

表4.3的方程(1)是一个包含了所有样本企业和表4.2所列的所有解释变量的 ordered probit 模型,其中,企业注册资本取了对数①②。唯一被省略的解释变量是企业的雇用人数,因为企业的雇用人数和企业的注册资本都表示企业的规模,同时控制两者使多重共线性问题较为严重。此外,由于年龄的平方项在我们的计量结果中并不显著,因此,这一变量没有放入。方程(2)是一个仅包含非公有企业样本的 ordered probit 模型。由于性别、教育、户籍、父亲的级别这些变量都不显著,因此,我们检验了所有这些解释变量的系数同时为零的零假说,Wald 检验的结果是 chi2(9) = 9.32, Prob > chi2 = 0.4087, 因此, 不能拒绝不显著的解释变量的系数同时为零的零假说, 于是, 我们将这些解释变量去掉, 得到了方程(3), 剩余的解释变量均在10%水平上显著, 而且系数的值与方程(2)相比变化也不大。事实上, 进一步考察原始数据后, 我们发现, 凡是母亲是领导干部的家庭, 父亲也一定是领导干部。因此, 母亲的干部身份事实上也代表了父亲的干部身份, 当我们仅控制母亲(事实上也是父母两人)的干部身份时, 这一变量在方程(3)中是显著的。方程(4)仅包含私营企业样本, 其他与方程(3)相同。

表4.3　企业家参政议政的决定因素

	(1)全部企业		(2)非公有企业		(3)非公有企业		(4)私营企业	
	系数	标准误	系数	标准误	系数	标准误	系数	标准误
lncapital	0.157	0.033***	0.149	0.034***	0.143	0.033***	0.180	0.056***
year	0.015	0.007**	0.018	0.008**	0.018	0.008**	0.057	0.014***
age	0.030	0.007***	0.030	0.008***	0.030	0.007***	0.023	0.010**
party	0.303	0.126**	0.328	0.130**	0.363	0.124***	0.664	0.195***
otherparty	1.313	0.366***	1.251	0.367***	1.239	0.364***	1.128	0.646*
male	−0.064	0.144	0.014	0.151				

---

①　对于变量(特别是取值为正的变量)取对数是常用的做法,这样做一是为了使变量的分布更加趋近于正态分布,二是为了使模型的异方差问题可以减弱,三是为了使变量的系数近似地表示弹性,四是可以减少异常值对模型的影响。

②　我们在计量模型中也曾经控制过企业是否是国有企业的所有制哑变量,但我们发现这个变量并不显著,这可能是因为我们的样本中属于国有性质的企业非常少,也可能是因为现实中,企业的所有制的确不是一个重要的影响企业家政治身份的因素。于是,我们在模型中舍去了企业所有制变量。类似的,尽管我们的数据显示,私营企业家和其他非公有企业企业家参政议政的比例相差7%,但是,在我们的回归结果中,加入私营企业哑变量,该变量也是不显著的,同样说明不同所有制企业的企业家参政议政是由其他因素决定的。

（续表）

	(1)全部企业		(2)非公有企业		(3)非公有企业		(4)私营企业	
	系数	标准误	系数	标准误	系数	标准误	系数	标准误
edu2	0.966	0.657	1.034	0.681				
edu3	0.277	0.564	0.282	0.581				
edu4	0.159	0.556	0.111	0.572				
edu5	0.371	0.552	0.306	0.567				
edu6	0.193	0.560	0.173	0.575				
edu7	0.808	0.632	0.546	0.661				
rural	0.020	0.229	-0.032	0.241				
fatherrank	0.132	0.258	0.217	0.266				
motherrank	0.717	0.441	0.498	0.466	0.664	0.393*	1.049	0.571*
观察点	700		641		646		343	
对数似然值	-445.908		-413.822		-418.336		-174.5976	
Pseudo R^2	0.097		0.095		0.088		0.151	

注：***、**、*分别表示在1%、5%和10%水平上显著。

在 ordered probit 模型中，对于居中的被解释变量取值(在本章中，被解释变量取2、3或4)，系数的符号并不总是与特定的解释变量取值下某个解释变量的边际效应的方向一致(Wooldridge, 2002)，因此，为了能够更为直观地获得每一种因素对民营企业家参政议政的影响，我们基于方程(3)计算了每一种显著的影响因素的边际效应，结果参见表4.4。

表4.4 民营企业家参政议政的影响因素的边际效应(基于方程3)

	是否是各级人大代表或政协委员				
	不是	乡镇一级	县区一级	地市一级	省级
基准[1]	0.8110	0.0579	0.0807	0.0481	0.0023
资本=2×均值[2]	0.7830	0.0636	0.0918	0.0585	0.0031
企业历史=均值+1	0.8060	0.0589	0.0827	0.0499	0.0024
年龄=均值+1	0.8027	0.0596	0.0840	0.0511	0.0025
中共党员	0.6980	0.0778	0.1236	0.0940	0.0066
民主党派	0.3605	0.0927	0.2030	0.2890	0.0548
父母是领导干部	0.5863	0.0901	0.1594	0.1494	0.0148

注：(1) 基准是基于资本、企业历史和年龄均取均值，其他哑变量取0。当资本取均值时，lncapital=5.749，企业历史的均值是8.003，年龄的均值是42.502。

(2) 这时，lncapital=6.442。

(3) 画线的数值表示相对于基准有所上升。

图 4.1 更为直观地表述了上述边际效应的大小，其中右图复制并放大了左图中位于下方的三条曲线。基于这些结果，我们可以得到如下结论：

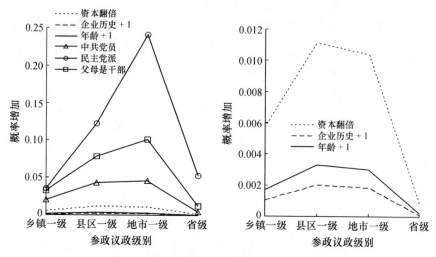

图 4.1 参政议政影响因素的边际效应图示

第一，来自历史较长的大企业的企业家更可能成为各级人大代表或政协委员。与参照的基准企业相比，企业注册资本提高一倍，企业家成为各级人大代表或政协委员的可能性将增加 0.08% 到 1.11%。这就在一定程度上验证了 Acemoglu 等人（2005）所提出的观点，资源分配通过影响实际的政治权力而改变政治制度。企业历史或企业家年龄每增加一年对提高企业家参政议政可能性的作用较为接近，这说明，在成为人大代表或政协委员时，企业与企业家"资历"都是重要的。不过，与资本翻番相比，企业或企业家的"资历"增加一年对于企业家参政议政的作用明显较小。

第二，企业家个人的共产党员或民主党派成员身份显著提高其参政议政的可能性，并且民主党派身份的作用大于共产党员身份的作用。由表 4.4 可知，与基准类型的非党员企业家相比，获得中共党员身份将使该企业家成为各级人大代表或政协委员的可能性增加 0.43% 到 4.59%，而民主党派身份则能够使该企业家成为各级人大代表或政协委员的可能性增加 3.48% 到 24.09%。平均来看，民主党派身份的作用相当于党员作用的 5 倍。这一结果与现行的政治体制运作机制有关。具体而言，一方面,党派属性增加了企业家个人的政治可靠性;另一方面,由于以企业家之外其他身份参政议政的成员中,党员比例已经较高,而作为执政党的中国共产党又对人大或政协代表中党员的比例有所限制,因此民主党派成员要比中共党员更容易以企业家的身份参政议政。

第三,企业家个人的家庭背景是影响其参政议政的重要因素。由图4.1 可知,父母的干部身份对于企业家参政议政的作用大致介于民主党派成员和党员的作用之间。具体而言,与基准情形相比,父母的干部身份使企业家成为各级人大代表或政协委员的可能性增加 1.25% 到 10.13%。① 综合以上三点,我们不难发现,与企业注册资本翻番、企业历史或企业家年龄增加一年相比,父母的干部身份、个人的中共党员或民主党派成员身份这些与正式政治权力相关的因素对非公有企业企业家参政议政的可能性影响更大。

第四,企业家的性别、教育水平和户籍性质对其参政议政可能性没有显著影响。在李宏彬等人(Li 等,2006)的研究中,民营企业家拥有更高的教育水平会显著增加其成为政协委员的可能性,而农村户口则显著增加其成为人大或政协代表的可能。但是,本章的研究在这一点上却得到不同的结果,企业家的教育水平与户籍性质都对企业家参政议政的作用不显著。

第五,与其他类型的非公有企业相比,私营企业企业家参政议政的影响因素基本相同。如表 4.3 所示,当我们仅仅选取私营企业样本时,控制变量的显著性与符号均未发生明显变化。

4.4 小结

在中国的转型过程中,非公有企业企业家的参政议政不能仅仅解释为转型国家市场或制度不完善条件下企业家的一种积极应对的行为,相反,伴随着中国市场化程度的日益提高,来自非公有企业企业家的参政议政现象却越来越为普遍。那么,在发育不完善的选举制度下,什么样的非

---

① 如果我们把父母的干部身份换成父亲的干部身份,这一变量并不显著,虽然其符号还是正的。一个可能的解释是,仅仅父亲一方的干部身份还不足明显影响下一代参政议政的可能性。

公有企业的企业家在参政议政呢？

本章利用来自广西柳州的企业与企业家调查数据，考察了非公有企业企业家参政议政的决定因素。我们发现：(1) 来自历史更长、规模更大的企业的企业家更可能成为更高级别的人大代表或政协委员，而企业家的性别、教育水平和户籍性质对其是否参政议政的影响并不显著；(2) 企业家个人的共产党员或民主党派成员身份能显著提高其参政议政的级别，并且民主党派身份的作用约为共产党员身份作用的 5 倍；(3) 企业家个人的家庭背景也是影响其参政议政级别的重要因素，父母亲具有领导干部身份的企业家更可能成为各级人大代表或政协委员。上述结果说明，企业家个人的政治身份和家庭背景作为"正式的政治权力"，以及企业的经济实力和历史作为"实际的政治权力"都有助于他参政议政，从而获得更多的由正式的政治制度所赋予的政治权力。也就是说，非公有企业的企业家参政议政是企业家利用自身权势获取正式政治权力的过程。这就在一定程度上验证了 Acemoglu 等人（2005）提出的关于经济与政治互动理论的部分观点，即正式的政治制度决定正式的政治权力，资源的分配决定事实的政治权力，两者又共同决定未来的政治制度。

研究非公有企业企业家参政议政的影响因素，有助于我们理解中国这个转型与发展中大国经济、政治的未来走向。企业家参政议政是中国转型与发展中的新生事物。中国在经历三十年的改革之后，面临着一个非常大的困境，那就是，中国具有一个经济分权加政治集权的体制，在这个体制下，地方政府拥有制定经济政策的权力，同时，地方政府官员又必须接受来自上级的考核，而考核的主要指标是当地的 GDP 增长率，因此，这种"对上负责"的体制的负面影响是地方政府官员忽视了来自普通百姓的需求（王永钦等，2007）。企业家（特别是非公有企业的企业家）参政议政是中国在坚持共产党领导的政治体制下出现的积极趋势，这能够使得政策的制定更多地受到来自新生力量的影响。通常认为，教育水平的提高有助于改进民主政治的质量，但是，我们的研究发现，现有的企业家参政议政模式更多地吸纳了来自大企业的经济精英，而不是具有高层次教育背景的知识精英，同时，我们也发现，父母一代的政治权力也可以通过子代企业家的参政议政而得以传承。这样的企业家参政议政模式非常可能使得获得了政治权力的企业家更多地代表在政治和经济上拥有权势的阶层的利益,这是建设有中国特色社会主义市场经济的进程中需要加以注意的问题。

2008年1月1日起,新《劳动合同法》开始实施。与此同时,企业家参政议政的影响也在新《劳动合同法》的争论中引起了更多的关注。曾经在2006年"胡润百富榜"上成为内地首富的东莞玖龙纸业有限公司董事长张茵,2008年作为连任的全国政协委员,前往北京参加两会。张茵向大会递交三份提案,其中一份建议继续完善《劳动合同法》,她认为新法提出的无固定期限劳动合同,相当于计划经济时代的铁饭碗,建议修改为签订为期3—5年有期限的劳动合同(参见3月2日《南方都市报》)。消息传来,引起了巨大的争议,此事件也成为近年来企业家参政议政中最受人关注的一个事件。本书的作者不想在此对新《劳动合同法》展开更多的讨论。本章的研究所揭示的道理是,不应简单地将企业家参政议政理解为企业家以此为自己所代表的阶层争取利益。事实上,获得参政议政机会的更可能是一些具有特定特征的企业家,他们所代表的也将是特定类型的企业——比如大企业——的利益。在地方政府追求经济增长的目标下,企业家参政议政是否会使社会利益的天平失去平衡?中小型企业和劳动者的利益是否能够得到公正的对待?以提问的方式结束本章,也许有利于唤起更多的研究与思考。

5

企业家满意度:政府干预影响了什么?[1]

国务院发展研究中心的中国企业家调查系统在2003年所作的《中国企业经营者成长与发展专题调查报告》中表明,中国企业家群体的身心健康问题不容忽视。调查结果显示,企业经营者对自己身心健康表示"不太满意"和"很不满意"的分别占10.9%和2.6%,满意程度的平均值为3.55,相当于百分制71.1分,一些与工作有关的慢性疾病在企业经营者中具有较高的发病率;企业经营者的情绪健康也值得关注,87.4%的企业经营者感到"压力很大",与工作压力相关的一系列生理与心理症状在不少企业经营者的身上出现(中国企业家调查系统,2003)。在我们的调研中,声称自己压力一般的企业家占34.58%,而压力较大和压力极大的总共高达39.74%。显然,工作环境直接影响到了企业家满意度。[2] 但在中国的实证研究中,却几乎没有直接的证据表明企业家满意度的确与企业家的工作环境有关。健康是企业家重要的人力资本,而心理健康与身体健康同等重要,企业家的满意度(主观幸福感)与心理健康是显著相关的(潘慧,2007),这势必关系到企业家的成长和企业的发展。由此引出了本章将要研究的问题:什么样的企业家满意度更高? 在政企纽带非常重要的环境下,企业家的满意度受到了怎样的影响?

近年来,关于主观满意度的研究正在受到经济学界越来越多的关注。然而,在实证研究中,已有文献的研究对象都是一般群众,本章是运用计

---

[1] 方学梅、王亦琳、杨真真参与了本章的研究和写作。
[2] 主观幸福感是心理学上的专用术语,用于个体评价已经历的各种影响。通常,在本研究的相关文献里快乐、幸福感、满意度是同义可替换的。

量经济学模型研究中国企业家满意度决定因素的第一篇论文,在包括了通常的满意度决定因素之后,我们把关注的焦点集中在企业家的工作环境对企业家满意度的影响。本研究中所考虑的外部环境是政府干预的变化,我们证实了政府干预所造成的企业负担越来越重会减少企业家的满意度,但负担越来越轻却不显著影响企业家满意度,这与心理经济学里的"损失规避"理论是一致的。本章同时还发现,除了教育和年龄以外,企业家的性别、婚姻状况、户籍等个人特征并不显著影响满意度,这些发现均与研究一般群众的满意度决定因素所得到的发现形成了对比。这说明,对于企业家这一特殊群体,满意度的决定有一些特殊性,对其心理健康的关注也必须有不同的侧重点。①

本章安排如下:第二部分从经济学文献出发对主观幸福感研究进行了评论,通过与已有研究的对比进一步指出了本研究的贡献;第三部分是本章所用的数据和模型;第四部分是实证结果;最后是本章的结论和政策含义。

5.1 "快乐经济学"的兴起:经济学家知道了什么?

鉴于在中国对于快乐经济学的介绍与研究还不够,我们有必要简单地对相关研究作一个梳理。效用概念是经济学的基础,但效用是难以度量的,因而使很多经济学理论建立在了难辨真伪的有关效用函数的假设之上。随着"快乐经济学"的兴起,主观满意度和主观幸福感的测量被认为是效用的代理变量,从而为检验有关效用函数的假定提供了可能性。在这一方面,Frey 和 Stutzer(2002)以及 Kahneman 和 Krueger(2006)是较新的综述论文,对"快乐经济学"研究给经济学理论带来的推动,以及快乐经济学的实证研究发现和存在的问题进行了总结。那么,经济学家通过对快乐的研究知道了什么?

1. 主观幸福感的研究为什么重要?

主观幸福感的研究和经济学研究之间的关系经历了三个阶段。在经

---

① 更为一般地来说,不同人群的满意度决定模式不一样是个非常值得关注的问题。

济学的古典时代,边沁、斯密等将人类追求幸福的主观动机解释为人类行为的根源,即最大化幸福。边沁认为,幸福可以通过人们所体验到的快乐和痛苦情感的权衡来测定,快乐或痛苦的价值由强度(intensity)、持续时间(duration)、确定程度(certainty or uncertainty)、切近程度(propinquity or remoteness)、增殖性(fecundity)、纯度(purity)、扩展范围(extent)等七个因素决定,为了能够精确度量特定行为对个人及社会所产生的苦乐趋势,他还设计了一套完整的计算步骤。边沁的努力激发了人们对幸福进行实证研究的兴趣,但是由于过分注重构成幸福情感要素的量的度量而忽视了对质的度量,他的研究也受到了广泛的质疑。随着经济学从哲学中分离出来成为一门独立的学科,在马歇尔以后的主流经济学中,主观感受逐渐被可以观测的选择和蕴涵其中的"效用"所代替,并发展成为福利经济学。

旧福利经济学以及后来的新福利经济学都没有尝试对人们的主观体验进行边沁式的度量,他们很快就将注意力投向了主观满足的客观对应物,诸如国民收入、社会福利函数等方面。效用(utility)取代了幸福(happiness),成为经济学家普遍使用的概念。后来,序数效用又取代了基数效用。旧福利经济学以基数效用论和效用的人际比较为前提。而新福利经济学理论把效用重新定义为仅是代表序数偏好的符号,认为"个人的选择是客观的,也是可以观测的,在人具有理性的条件下,效用只取决于实在的商品和服务。如果在实践中观察到他在可以选择 B 的情况下选择了 A,那么可以推断对此人而言,A 的效用大于 B(显示偏好)"。这种关于效用的"现代"观点受到的是功利主义哲学的影响,把偏好与效用的基数性质抽象掉,对于构建经济学理论而言是可行的。[①]

当代经济学开始重视主观幸福感的研究。在这方面做出突破性贡献的是 Easterlin(1974)的文章"经济增长在多大程度上增进了人们的快乐",但在当时鲜有追随者。直到 1997 年的一次研讨会,主观幸福感的衡量和影响因素才又引起了广泛的兴趣(Ng,1996)。在当代经济学研究中,大量文献置疑能从可观测的行为中推断出效用,例如,诺贝尔经济学

---

① 例如,在无差异曲线的分析中,只用序数偏好就能导出需求函数。

奖得主 Sen 就指出,导致贫困的原因在于能力的缺乏,而不是消费者不愿意进行某种选择,传统经济学过于关注通过选择来解释人们的经济行为,而忽视了人们进行选择的能力(Sen,1995,1997)。在一篇名为《回到边沁:对经验效用的探讨》中,Kahneman 等人(1997)定义了两类效用:经验效用(experienced utility)和决策效用(decision utility)。经验效用就是古典的边沁意义上的效用,即快乐和痛苦,它是推动我们应当做什么、实际做什么的根源,这种效用由于传统上无法度量,逐渐被决策和选择中蕴涵的"决策效用"所取代。而决策效用易于观察,但包含的信息有限。Kahneman 指出,尽管经验效用被决策效用所取代具有很强的意义,但也导致了很大的缺陷,最重要的缺陷之一是效用最大化假设被视为不用证明,也无法证明的假设,而随着实验技术和心理学的发展,经验效用已经可以通过实验方法加以衡量。主观幸福感的研究又回到了主流经济学研究的前沿位置。

主观幸福的研究开启了理解人类行为的另一途径。首先,主观幸福是比决策效用大得多的概念,它还包含了经验效用,同时,对许多人而言,幸福是终极目标,人们想要的许多事物,如工作安全感、地位、权利,特别是收入,并非是想要它们本身,而是为了使自己更快乐。其次,主观幸福的概念允许经济学家直接测度福利和效用,这为验证经济理论的基本假设和结论奠定了基础,丰富了人们对效用函数的理解。

2. 主观幸福感的"主观性"是个严重的问题吗?

快乐经济学认为,每个人关于幸福有自己的标准,可以通过调查直接询问人们对于生活的满意程度。主观幸福感的测度往往因为其"主观性"而受到质疑,因为经济学的传统方法是直接观察人们"怎么做",而不是"怎么想"或者"怎么说"。以显示偏好为理论基础的传统经济学认为,通过发问并不能了解人们的真实意图,只有通过人们在市场中的实际选择行为才能发现他们的真实信息。然而,快乐经济学认为,在很多人们无力改变的制度安排或政策背景下(例如不公平、环境恶化、通货膨胀、失业等),显示出来的(可以观测的)行为并不能揭示人们的真正意图,它充其量只是人们在所有不令人满意的方案中勉强做出的选择,因此,这种选择提供的个人福利信息是有限的,相反,人们根据环境和与他人的比较,过去的经历以及对未来的预期来评价幸福感,是对自身福利的最好判断。

这种明示偏好的方法也得到了理论的支持。事实上,已经出现大量对人们的真实意思同口头表达是否一致的实验和经验研究,Bertrand 和 Mullainathan(2001)对这些研究进行了全面的综述和评价,他们发现,尽管有些因素的确会影响人们的回答,比如问题的顺序、发问的方式、问题的语气等,但是只要进行精心的设计和周密的计量分析,误差可以降低到可以接受的程度,调查的数据还是具有很强的一致性和解释力的。

此外,在主观幸福感的调查中,调查者事先并没有给出幸福的确切定义,而是将这个定义让渡给了调查对象,由调查对象自己来确定幸福的标准和幸福感。因此这种调查虽然仍具有主观性,但结果却是客观的,并不涉及"幸福应该是什么"的问题,更没有涉及调查者预设的价值判断,所以,不应该认为幸福的经济学研究只是一种主观的和规范的(normative)研究。

3. 主观幸福感的实证研究:经济学家知道了什么?[①]

自 20 世纪 90 年代末期开始,经济学家开始大量研究快乐(幸福感、满意度,英文文献中称为 happiness)的决定因素,这些实证研究极大地丰富了人们对人类行为和效用函数的知识。

经济学家认为,较高的收入可以给人们带来较高程度的满足感,然而,实证结果却并非总是这样。经济学家通常在三个层面上研究收入对幸福的影响。(1)特定时点上收入高的人是否比收入低的人幸福?大量关于收入与幸福感关系的研究集中在这一层面上。Blanchflower 和 Oswald (2000)、Easterlin(1995,2001)对美国数据的研究,Di Tella, MacCulloch 和 Oswald(2001)对欧盟数据的研究以及 Frey 和 Stutzer(2000)对瑞典数据的研究都发现,平均而言,富裕的人们自我报告的主观幸福感更高。无论是简单回归还是控制大量其他因素的多元回归,收入对幸福感的影响是统计显著(通常高度显著)的。在这个意义上,"钱可以购买幸福"。Graham 和 Pettinato(2001,2002)发现,上述结论同样适用于发展

---

① 此部分更详尽的评论参见 Frey and Stutzer (2002)。

中国家和转型中的国家。(2) 动态地在一段时间内来看,一个国家的收入增长能增加幸福感吗？许多学者(Blanchflower 和 Oswald, 2000; Diener 和 Oishi, 2000; Kenny, 1999; Lane, 1998; Easterlin, 1995)都发现一个有趣的关系:如果采用时间序列数据,近几十年来,西方国家如美国、英国、比利时和日本,人均收入大幅增长,但是平均幸福感没有增加,甚至有所下降。也就是说,高收入也不能简单地转化为幸福,所有人绝对收入的增长并不能增加每个人的幸福。这种现象被称为"幸福—收入之谜",由于 Easterlin(1974, 1995, 2001)最早研究这一现象,所以又被称为 Easterlin 悖论。除了在德国、意大利等国,人均收入的提高伴随着平均幸福感的小幅增加,在大部分其他西方国家,幸福感并不随收入的增长而增加。最重要的原因之一在于相对收入,人们总是习惯于和其他人比较,人们之间的攀比会降低快乐感。这可以用适应性水平理论(Adaptation Level Theory)来解释(Michalos, 1991; Inglehart, 1990),按照该理论,幸福是由预期和实现程度之间的差距决定的。随着收入的增加,人们的预期也会上升,愿望曲线发生了变化,当人们适应了新的收入后,快乐感会逐渐回归。(3) 富国的人们比穷国的人们更幸福吗？一些研究证明,平均而言,富国的人们比穷国的人们要幸福(Diener, Diener 和 Diener, 1995; Inglehart, 1990)。但是,这个结论价值有限,因为这种正相关可能是由其他因素而非仅仅收入引起的,比如说,更高收入的国家常常更民主,国民平均更健康等。此外,这一结果并不稳健,因为没有控制国别特征(如文化等)的差异,收入和幸福感因果关系的方向也没有确定。总之,国别之间的幸福感差异可能通过其他因素来解释得更好。①

个人特征(包括人种、性别、社会地位、受教育程度、家庭、健康、年龄等多种因素)对主观幸福感也有影响。Blanchflower 和 Oswald(2000)、Graham 和 Felton(2005)发现,平均而言,白人比黑人、女性比男性、社会地位高的人比社会地位低的人、受教育程度更高的人比受教育程度低的

---

① 又如,欧盟2007年初公布的一项调查报告显示,整体而言,欧盟国家的人民相当快乐。86%的受访者对自己的个人生活及日常环境表示满意。与欧洲人相比,美国人抑郁得多,世界卫生组织对14个国家进行研究后公布的另一项调查报告显示,美国抑郁症的患病率居世界各国之首。参见 http://tech.qq.com/a/20070301/000152.htm。

人感到更加幸福。Marmot(2004)发现,健康对于快乐具有积极影响。社会中普遍存在的人与人之间的信任、友谊、互助、合作是一种社会资本,这种人和人之间的相互作用直接影响到相关行为人的表现。Frey 和 Stutzer (2002)的实证研究发现,社会资本对于幸福感有正向作用。

失业和幸福感存在负向关系,这是大多数研究的共识。Di Tella 等(2001)发现,在控制了收入、教育等大量幸福感的决定因素后,失业者比有工作者的幸福感低很多。Clark 和 Oswald (1994)总结道,"失业对幸福感的负面影响超过其他包括离婚等的任何个体因素"。失业除了通过降低收入影响主观幸福感外,在很大程度上,失业对幸福感的负面影响归因于心理成本和社会成本(参见 Feather(1990)的综述)。

通货膨胀对幸福感同样有负面影响。Di Tella 等(2001)发现,如果失业率上升5个百分点,通货膨胀率必须下降8.5个百分点才能使人们的幸福感维持不变。这说明,失业对幸福感的负面影响大于通货膨胀。原因可能在于失业影响的是少数人,而通货膨胀影响的是社会中所有人,传统的痛苦指数(misery index)赋予它们相同的权重,也就是说,对于遭受通货膨胀和失业的人同等地对待,这样做就低估了失业者受到的损害。

社会的收入差距对主观幸福感的影响也非常重要。Alesina 等(2004)的研究发现,在欧洲,更大的收入差距显著地降低快乐感,但在美国却不存在这样的关系。他们认为,收入差距之所以影响快乐感,主要是因为欧洲相对于美国而言社会流动性较低,而且主要是穷人和左派对收入差距表现出更大的不满。

近几年来,开始有学者用中国的数据来研究主观幸福感的决定因素。Knight 和 Gunatilaka(2007)通过2002年在全国城镇和农村进行的调查中发现,尽管城镇居民的人均收入是农村居民人均收入的三倍多,但农村居民的主观幸福感却要高于城镇居民。对自己的生活感觉非常满意的农村居民的比例是城镇居民此项比例的两倍多。在对感觉不幸福原因的调查中发现,无论是城镇居民还是农村居民,低收入都是影响主观幸福感的最重要的原因。未来的不确定性以及失业是影响城镇居民主观幸福感的重要原因,而健康问题和个人面对的生活问题是影响农村居民主观幸福感的重要原因。Song 和 Appleton(2006)采用中国社会科学院经济所 2002 年度城镇居民收入分配调查数据(即 CHIPS,2002),通过对中国 12 个省 71 个城市中随机抽取的 6 976 个城镇居民的数据研究后发现,收入是影响城镇居民满意度的最重要因素,并且收入的增长比相对收入的差距更显著地影响城镇居民的满意度,此外,社会地位显著地影响城镇居民的满意度。罗楚亮(2006)发现,农村居民的主观幸福感高于城镇居民,这主要是由预期的实现程度、对未来收入变化趋势的预期及对生活状态改善的评价等差异引起的。我们自己也运用 CHIPS 城镇的调查数据研究了快乐的决定因素,样本是 CHIPS 中能够按居住地的城市代码匹配的城市居民和外来劳动力,关注的重点是收入差距对于快乐的影响。研究发现:(1)总体上来看,外来劳动力会因为身份收入差距扩大而更加不快乐,而城市居民较小地受到身份收入差距扩大导致的不快乐的影响。(2)外来劳动力不会因为在外来劳动力群体中相对收入的提升而更快乐,但是城市居民却会因为在城市群体中相对收入提升而更快乐。我们的解释是,外来劳动力已经将城市居民视为自己的收入参照组,而城市居民却不以外来劳动力为参照组,他们的攀比对象主要仍然是城市居民自身。(3)新城市人的行为不同于那些一直拥有城市户籍的"老城市人",新城市人会因为身份收入差距扩大而更不快乐,同时,他们也因在城市居民中相对收入地位的提高而更快乐。(4)对于老城市人来说,我们发现,随着年龄增加,人们会更加厌恶身份收入差距,而那些具有党员身份的个体随着身份收入差距扩大而更不快乐。同时,我们也发现,收入高的、女性、已婚的、预期收入增长的、居住面积更大的、健康的人以及共产党员更快乐,而失业者更不快乐,年龄对于快乐的影响是 U 形的,转折点在 38—39 岁间(Jiang, Lu 和 Sato, 2008)。①

通过文献回顾可以发现,无论是国外的研究,还是运用中国数据所做的研究,目前有关幸福感决定因素的研究基本上都只关注了普通群众。相比之下,本章首次将研究对象缩小到企业家这一特殊群体,并且将研究的焦点放在了企业家面临的工作环境上。工作环境是影响工作幸福感的

---

① 在我们自己的研究中,教育对于快乐的影响不显著地为正,这可能是因为控制了其他变量的缘故。

重要指标,进而可能会影响主观幸福感。Gimbel, Lehrman 和 Strosberg (2002)发现,良好的工作环境与自评满意度成正相关。企业家群体的重要特征在于企业家担负着企业发展的重担,企业家与普通群体工作环境的不同之处在于,企业家常常要直接面对来自政府的干预及其造成的负担,因此,我们关注的焦点将集中于企业负担的变化对企业家满意度的影响。之所以缩小研究对象的范围,除了满意度以及与之紧密相关的心理健康对企业家成长和经济发展具有特殊意义以外,还因为不同群体的快乐感决定因素有可能不同,值得研究者给予关注。对此,我们将结合本章的实证结果加以讨论。

5.2 企业家满意度的数据描述和模型

本章使用的数据仍然来自于复旦大学 2006 年在广西柳州市展开的企业调查。有关调研问卷的发放情况不再重复了。在问卷中我们收集了有关企业家的个人信息和一些家庭背景信息,也收集了相应企业的基本信息。在这次调研中,我们设置了一个直接针对企业家主观幸福感的问题,"您目前生活总体情况满意程度如何?"要求回答者在"不满意,有点不满意,无所谓,有点满意,很满意"五个答案中做出选择。这实际上是一个对于满意度的五级测度,分别被赋予 1—5 的数值。这一满意度的测量方式与其他主观幸福感调查的问题基本上是一致的。①

1. 主观幸福感的分布特征

图 5.1 给出了本章使用样本中企业家主观幸福感分布的总体状况。在作为有效样本的 694 位②企业家中,选择"很满意"和"有点满意"的人数最多,分别为 317 位和 248 位,各占有效样本的 45.8% 和 35.7%;另一方面,选择"不满意"的企业家比例最低,仅占样本的 3.3%,而 78 位企业家选择了"有点不满意",占回答者的 11.2%;选择中位值"无所谓"的企业家也比较少,只有 28 位。如果我们把满意度划为两级——那些"很满

---

① Eurobarometer Surveys 对这一问题采取的是 4 级测度,其问题是"On the whole, are you very satisfied, fairly satisfied, not very satisfied, or not at all satisfied with life you lead?"

② 部分问卷对幸福感这一问题没有作答或是无效回答,被作为无效样本去除了。

意"和"有点满意"的为一级,不那么满意的(包括"无所谓","有点不满意"和"不满意")为一级,总体来说,大约五分之四的回答者对生活总体上是较满意的。

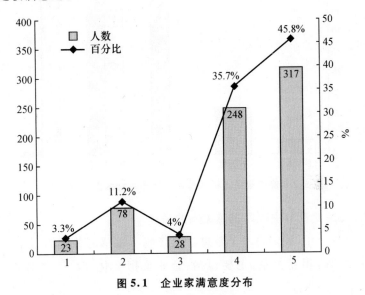

图 5.1　企业家满意度分布

企业家满意度水平与普通居民相比如何？Song 和 Appleton(2006)采用了 2002 年度城镇居民收入分配调查数据(即 CHIPS,2002),其中 1.03% 的居民回答"非常满意",38.89% "比较满意",42.1% "一般",11.55% "不满意",3.31% "很不满意",另有 3.12% 没有作答。

从图 5.2 中可以粗略地看到,非常有趣的是,城镇居民大样本中选择"不满意"和"很不满意"的比例与我们样本中企业家选择满意度最低两组的比例几乎一样。"比较满意"的比例非常类似,差别主要在于"非常满意"人群和"一般"人群。企业家中选择"非常满意"的最为普遍,为 45.8%,而普通居民仅有 1.03%。而城镇普通居民回答"一般"的最为普遍,为 42.1%,比例远高于企业家选择"无所谓"的比例 4%。如果考虑到企业家的收入水平和社会地位等均好于普通居民,企业家中选择"非常满意"的比例远远超过普通居民是可以被接受的。

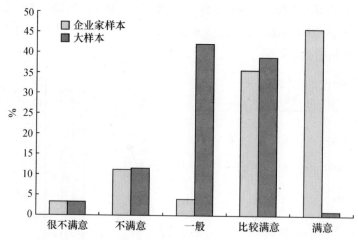

图5.2 普通居民大样本与本章企业家样本幸福感比较

2. 关键变量与主观幸福感关系的描述

在这部分中,我们将基于数据讨论影响幸福感的关键因素与企业家主观幸福感的相互关系,主要包括:企业负担变化、收入、教育程度、年龄等。

(1) 企业负担变化

在中国的现有体制下,乱收费、乱罚款、乱摊派仍然是企业负担的重要来源。有数据表明,2004年,政府各部门和法院、检察院的收费和罚款收入高达9 367亿元。企业负担的1/3,特别是微型和中小企业负担的一半来自税外收费和罚款(周天勇,2007)。虽然在"放权让利"和建设社会主义市场经济体制的过程中,政府已经从许多经济活动中退出,但是,转变政府职能,实行政企分开,到现在为止做得也不是很彻底。至今,中国还未能出台一套专门的法律来界定政府的经济职能及其履行方式,使得对政府的监督只能依据一些分散的相关法规来进行。政府不同于其他市场主体的地方在于它拥有政治权力,如果政府的职能和行为不能在法律的框架内加以规范,它就可以利用权力进行寻租。

此外,中国的财政体制创造出了一种供给体制,即经费自筹制度。机构经费自筹制度就是设立某一部门或机构,但是财政没有足够的预算,不给经费,只给收费的政策,整个部门或机构可以通过向行政执法管理的对象收费来供养自己。这类机构包括工商、质检、城管等。编制经费自筹就是国家权力、行政和司法机构中,一些职员没有列入财政拨款的公务员系列,其工资和办公经费等自筹解决。这类经费自筹编制的职员,大量地存在于公安、交通、卫生等许多部门。由于行政、执法和司法部分职能市场化,公共权利商业化,社会利益部门化,这些部门和单位在收费和罚款项目的设置上,往往巧立名目,尽最大可能地去收费和罚款。

除去不合理收费,合理的税费对于大型企业来说问题不是很突出,但对于中小企业却是沉重的负荷。绝大部分的收费,大小企业一视同仁,都是按相同比例收取。同时,目前中国的税负主要由企业来承担,而在美国,个人所得税要占到总税收的2/3以上。美国企业只收取28%的企业所得税,而中国的企业则要上缴33%的所得税。① 另外,中国企业还要缴纳流转环节的税收,如销售或进口货物需要交17%的增值税,这些税种在很多国家都是没有的。

在中国,企业常常需要与就业、税务、工商等政府部门打交道,为了使得企业生产能够顺利进行,企业还常常投入一些公关费用来搞好与政府工作人员的关系。由此造成的企业负担,也无形中给企业家带来了压力。在我们的有效样本数据中,企业与工商部门平均每月打交道次数为0—1次的有81.05%,平均每月打1.5—5次交道的占17.60%,平均每月打5次以上交道的占1.35%。企业与税务部门平均每月打0—1次交道的占60.09%,平均每月打1.5—5次交道的占36.96%,平均每月打5次以上交道的占2.95%。调查还发现,企业平均每月接待来访政府工作人员0—1次的占58.55%,平均每月接待1.5—5次的占36.22%,平均每月接待5次以上的占5.23%。在问及企业用于政府的公关费用对企业造成的负担时,8.77%的被调查者认为用于政府的公关费用对企业造成的负担很沉重,13.16%的被调查者认为偏重,但还可以承受,34.06%的被调查者认为一般,26.46%的被调查者认为比较小,还有17.55%的被调查者认为可以忽略不计。当问及用于政府的公关费用对企业造成的负担的变化时,21.47%的被调查者认为"负担越来越重",58.86%的被调查者认

---

① 这种情况在2008年1月1日《中华人民共和国企业所得税法》正式实施后有所改变,企业所得税的税率改为25%。

为"负担没有变化",19.67%的被调查者认为"负担越来越轻"。由此可见,由政府干预给企业造成的负担是不容忽视的。

那么,政府干预给企业造成的负担与企业家的满意度之间有何关系?政府干预直接或间接地导致企业各项成本(包括时间和经济成本)的上升,而政府干预给企业带来的利润非常有限,因此,政府干预从一定程度上给企业带来了负担。这种负担的变化与企业家主观幸福感之间的关系如表5.1所示。0—1测度指回答者选择"很满意"和"有点满意",则取值为1,否则为0,这时每一特定人群主观幸福感实际值为幸福人群在该人群组中所占的比例。可以看出,在0—1测度中,认为企业负担越来越重的企业家的主观幸福感均值比认为企业负担不变的企业家低了13.9个百分点;在5级测度中,认为企业负担越来越重的企业家幸福感均值为3.736,也明显低于认为企业负担不变的企业家幸福感。相比之下,认为企业负担越来越轻的企业家的幸福感仅略高于认为企业负担不变的企业家。企业负担的变化对企业家主观幸福感的影响将在后文中通过计量模型进行进一步实证研究。

表 5.1　企业负担变化与主观幸福感的关系

	幸福感 0—1 测度		幸福感 5 级测度	
	均值	离差	均值	离差
负担越来越重	0.704	0.458	3.736	1.315
负担越来越轻	0.844	0.364	4.213	1.070
负担不变	0.843	0.364	4.196	0.998

(2) 收入

在对主观幸福感的实证研究中,收入一直是一个非常重要的因素。收入和主观幸福感的关系可以从图5.3收入等分组与主观幸福感之间的关系中得到验证。总体而言,收入水平较高的等分组相应的主观幸福感程度比较高,最高收入组别的平均幸福感为4.480,而最低收入组别平均幸福感仅为3.860。Easterlin(2001)对美国1994年的主观幸福感与收入的相关系数的计算结果为0.2,并认为控制住其他变量的影响后,这一相关性会减弱。在我们的数据中,用5级测度的主观幸福感与收入之间的简单相关系数为0.149。

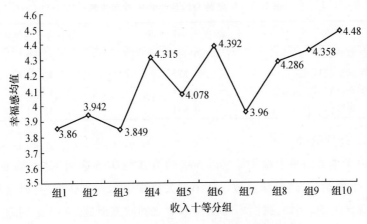

图 5.3 收入十等分组与主观幸福感的关系

(3) 教育

教育是影响主观幸福感的另一个重要因素。从表 5.2 中可以看出,幸福感随着教育年数增加而递增,例如,教育程度低于或等于初中的企业家平均幸福感只有 3.949,而教育程度为本科以上的企业家平均主观幸福感达到 4.5。采用 0—1 测度,这一关系更加直观。

表 5.2 按教育分组后平均主观幸福感

教育水平	幸福感 0—1 测度	幸福感 5 级测度
初中及以下	0.742	3.939
高中	0.795	4.081
本科及大专	0.846	4.149
本科以上	1.000	4.500

(4) 年龄

年龄不同也使企业家幸福感表现出差异。表 5.3 显示,46—55 岁年龄段的企业家平均主观幸福感水平最高,而年龄在 35 岁及以下的企业家平均主观幸福感水平最低。在 0—1 测度中,这两个年龄段的差异达到了 5.6 个百分点。

表 5.3 按年龄分组后平均主观幸福感

年龄	幸福感 0-1 测度	幸福感 5 级测度
35 岁及以下	0.778	3.889
36 岁—45 岁	0.833	4.153
46 岁—55 岁	0.834	4.200
55 岁以上	0.831	4.174

3. 计量模型

由于本章中将主观幸福感以 5 级的方式测度,5 表示"非常满意",1 表示"不满意"。这意味着数字从小到大依次表示幸福感增强,但这只是序数意义上的,例如,我们不能说,4 和 2 之间的差距是 2 和 1 之间差距的两倍。所以,我们的计量模型采取了用于有序离散被解释变量的 Ordered Probit 模型,可以由一个满足经典线性模型假定的潜变量模型推出。

假定潜变量(latent variable)y_i^* 是不能被直接观察的主观幸福感,y_i^* 由下式决定:

$$y_i^* = x_{ni} \beta_{ni} + e_i$$

x_n 是 n 维自变量,e_i 是随机误差,服从均值为 0,方差为 1 的标准正态分布。令 $k_1 < k_2 < \cdots < k_{s-1}$ 为分界点,定义为

$y = 1$ 如果 $y^* < k_1$

$y = 2$ 如果 $k_1 \leq y^* < k_2$

……

$y = S$ 如果 $k_{s-1} \leq y^*$

也就是说,当 y^* 位于分界点 k_{s-1} 和 k_s 之间时,个体回答的主观幸福感为 $y = s$,假定 $k_0 = -\infty, k_s = \infty$,从而

$$\Pr(y_i = s) = \Phi(k_{is} - x_{ni} \beta_{ni}) - \Phi(k_{i(s-1)} - x_{ni} \beta_{ni}) \quad \text{for} \quad s = 1 \text{ to } S \tag{5.1}$$

注意,$y_i = 1$ 时,右式第二项为 0,因为 $\Phi(-\infty - x_{ni} \beta_{ni}) = 0$,当 $y_i = S$ 时,右式第一项 $\Phi(\infty - x_{ni} \beta_{ni}) = 1$

如果将(5.1)式对应于我们的主观幸福感决定模型,那么下标 i 表示第 i 个企业家,y 表示被解释变量"主观幸福感",方程左边的 $\Pr(y_i = s)$ 表示第 i 个企业家回答主观幸福感为 s 的概率。方程右边是影响主观幸福

感的解释变量 x_{ni},我们主要采取了两组,第一组是已有文献中控制的重要变量,包括:(1) 企业家的收入;(2) 年龄和年龄平方;(3) 性别哑变量,以男性为1,女性为0;(4) 教育,用受教育年限这一连续变量表示;(5) 婚姻状况,如果企业家离异或丧偶,则哑变量为1,否则为0;[①](6) 户籍哑变量,以城镇户籍为1,农村户籍为0。[②] 另一组是工作环境变量。我们在以上经典的分析框架中加入了政府对企业造成负担的趋势,来重点考察外部环境变化对于企业家幸福感的影响。我们以"负担不变"为基准,分别定义了"负担变得越来越重"和"越来越轻"两个哑变量。之所以考察负担变化而非负担本身,是因为 Kahneman 和 Tversky(1979) 的前景理论发现,相比于结果的绝对数值而言,人们通常对结果相对于一个参考水平的偏离程度更敏感。这种侧重于变化而非绝对水平的倾向与心理学的认知法则是一致的,也就是说,相对于外界条件的绝对水平而言,人们对外界条件的变化更敏感。事实上,我们也曾经控制了负担的水平,发现这个变量是不显著的。表5.4列出了模型中使用的变量。

表 5.4 变量描述

变量	含义
主观幸福感(对生活的总体情况)	1 = 不满意,2 = 有点不满意,3 = 无所谓,4 = 有点满意,5 = 满意
性别	=1 男性;=0 女性
婚姻	=1 离异或丧偶;=0 其他
教育	受教育年数
	=3 小学以下,=6 小学,=9 初中及初中中专,=12 高中及高中中专,=15 大专,=16 本科,=19 硕士研究生,=21 博士研究生
年龄	年龄
年龄的平方	年龄的平方
收入	上一年各种收入的总和,取对数
政府对企业的负担越来越重	=1 越来越重;=0 其他
政府对企业的负担越来越轻	=1 越来越轻;=0 其他
户口	=1 城镇户口;=0 农村户口

① 我们曾以已婚为参照组,结果发现未婚、离异、丧偶均不显著。
② 由于样本中所有企业家都处于就业状态,所以解释变量中没有加入失业。而户籍是一个有中国特色的控制变量。

5.3 企业家满意度的决定因素：实证结果

表 5.5 给出了我们对样本用 Ordered Probit 方法回归所得到的计量结果，由于变量的缺失，实际进入计量分析的样本量为 451。但是，在 Ordered Probit 模型中，我们感兴趣的不是系数 β，而是 $P(y=s|x)$。由于

$$\partial p_1(x)/\partial x_l = -\beta_l \phi(k_1 - x\beta)$$

$$\partial p_S(x)/\partial x_l = \beta_l \phi(k_S - x\beta)$$

$$\partial p_s(x)/\partial x_l = \beta_l [\phi(k_{s-1} - x\beta) - \phi(k_s - x\beta)], \quad 1 < s < S$$

即，x_i 对被解释变量取最低值的边际效应方向与系数 β_l 符号相反，对被解释变量取最高值 S 概率的影响与系数 β_l 符号相同，而对于居中的被解释变量取值（在本章中，被解释变量取 2、3 或 4），偏效应的符号则共同取决于 $|k_{s-1} - x\beta|$ 与 $|k_s - x\beta|$ 和系数 β_l，这就给模型的解释带来了困难。

表 5.5 Ordered Probit 模型回归结果

解释变量	被解释变量：主观幸福感			
	均值或百分比	系数	标准误	P 值
收入（万元）取对数	1.971	0.133	0.043	0.002***
年龄	44.053	0.089	0.050	0.076*
年龄的平方	2009.055	-0.001	0.001	0.091*
男性	0.789	0.093	0.137	0.499
离异或丧偶	0.047	-0.364	0.256	0.156
教育年数	13.455	0.034	0.021	0.095*
城镇户口	0.931	0.102	0.217	0.638
企业负担越来越重	0.184	-0.287	0.142	0.042**
企业负担越来越轻	0.220	0.140	0.139	0.312
拟 R^2		0.029		
极大对数似然值		-511.254		
观察值		451		

注：(1) 省略的基准变量有：女性，未遭受婚姻不幸者（未婚或已婚），农村户口，政府对企业的负担不变；

(2) ***，**，* 分别表示在小于或等于 1%、5% 和 10% 水平上显著。

为了更好地解释模型,在做完 Ordered Probit 回归后,我们计算出给定某解释变量,主观幸福感的预测概率。[①] 这对于从数值上来说明特定解释变量的重要性是非常有用的。在做这种预测时,其他解释变量取均值。

表 5.6　主观幸福感的预测概率(由表 5.5 推算出)

	不满意	有点不满意	一般	有点满意	满意
基准	2.5	7.7	3.3	34.6	51.9
企业负担					
越来越重	4.6	11.2	4.3	38.5	41.4
不变	2.4	7.4	3.2	34.2	52.8
越来越轻	1.7	5.9	2.7	31.4	58.3
收入翻倍	2.0	6.6	2.9	32.8	55.6
性别					
男性	2.4	7.5	3.2	34.2	52.7
女性	3.0	8.6	3.6	35.9	49.0
离异或丧偶	5.4	12.4	4.7	39.3	38.2
其他	2.4	7.5	3.2	34.3	52.6
户口					
城市	2.5	7.6	3.3	34.5	52.2
农村	3.2	8.9	3.7	36.2	48.1
教育年数					
=6	4.5	11.1	4.3	38.4	41.7
=9	3.6	9.6	3.9	37.1	45.8
=12	2.8	8.3	3.5	35.5	49.9
=16	2.1	6.7	3.0	32.9	55.4

注:其他解释变量取均值。

结合表 5.5 和表 5.6,我们的实证结果发现:

(1)如果政府对企业造成的负担越来越重,企业家更可能不满意。在表 5.6 中,那些认为政府干预给企业造成的负担变得越来越重的企业家预计有 15.8% 的可能性不满意或有点不满意,而认为政府对企业的负担没有变化的企业家不满意或有点不满意的可能性是 9.8%,认为政府

[①] 在 STATA 中可以用 Predict, Prvalue 命令来完成这一工作。

对企业的负担变得越来越轻的企业家则预计仅有 7.6% 的可能性不满意或有点不满意。有趣的是,在表 5.5 中,负担变得越来越重这一变量是显著的,负担变得越来越轻这一变量却不显著。这一发现可以用"损失厌恶"来解释。诺贝尔经济学奖得主 Kahneman(1979)的前景理论认为,人们对损失的痛恨程度往往大于同样的收益所能带来的喜悦程度。换言之,一笔损失给人带来的痛苦大于等值的收益带来的快乐,这种损失和收益对人心理的不对称影响就是所谓的"损失规避"。Tversky 和 Kahneman (1992)的研究发现,人们通常需要两倍于损失的收益才能弥补损失所带来的痛苦。有趣的是,在表 5.5 中,尽管"负担越来越轻"这一变量并不显著,但它的系数却大约为"负担越来越重"的系数的 1/2。

(2) 收入高的企业家更可能幸福,这与经典文献是一致的。事实上,这也是整个模型中最为显著的自变量。如果其他解释变量取均值,收入翻倍的话,预计能将企业家幸福(包括"有点满意"和"满意")的概率从 86.5% 提高到 88.4%。

(3) 教育程度高的企业家更可能幸福。这与大多数其他文献的发现也是一致的,但在我们有关中国城镇普通群众快乐决定因素的研究中,教育的系数却不显著地为正(Jiang, Lu 和 Sato, 2008)。良好的教育能使人更好地适应环境变化,对正确幸福观的形成也有积极的引导作用,让人们理解怎样才能获得快乐,如何有效处理工作和闲暇、生活的关系。在表 5.6 中,其他变量取均值,预计受过 16 年教育的企业家幸福(包括"有点满意"和"满意")的概率是 88.3%,而受过 6 年教育的企业家幸福的概率是 80.1%。

(4) 计量结果显示,企业家的主观幸福感和年龄之间存在倒 U 形关系。年龄和年龄平方都显著并且符号相反,随着年龄的增加,幸福的概率会增加,但是当到达一定年龄以后幸福的概率会下降。本章之前有研究认为,随着年龄的增长,人们的幸福感会呈下降趋势,然而,实证研究中并没有得到一致的结论。Diener, Suh 等人(1999)发现,随着年龄的增长,人们的生活满意度不但不会下降,反而会有升高的趋势,或者至少会保持稳定。Blanchflower 和 Oswald(2000)指出,年龄与主观幸福感之间的关系并非如此平稳,他们对英国和美国大规模的抽样调查研究得出,年轻人和老年人似乎比中年人更快乐,主观幸福感和年龄之间是 U 形关系,转折点在 40 岁。在我们自己的研究中,年龄和快乐感之间的关系也是 U 形,转折点大约在 38—39 岁之间(Jiang, Lu 和 Sato, 2008)。与这些之前的研究相比,本章发现年龄与企业家满意度之间的关系是倒 U 形的。然而,年龄不仅仅是一个纯粹的人口学变量,它可能还包括了较多的人们成长和价值观形成时期的重要信息,而且我们的样本针对的是企业家群体。由于我们的样本中大多数企业家都参与了企业的创立,所以企业家的年龄可能在很大程度上代表了企业所处的发展阶段。有研究者将企业划分为创业期、成长期、成熟期和衰退期四个阶段,年轻企业家所在的企业大多处在企业的初创期,这个阶段的企业会面临许多问题,如企业人员少,规模小,管理制度不健全,缺乏必要的资金,市场占有率小,市场形象还没有树立起来等,同时这个年龄段的企业家大多具有远大的理想和抱负,当理想和现实差距过大时会出现严重的失落感,因此年轻企业家满意度较低。中年企业家所在的企业大多处在成长期和成熟期,成长期表现为产品逐渐得到市场认可,销售规模快速增加,企业可依赖其创新产品或技术在市场上立足生存,基本自食其力,当企业具有一定的市场占有率和知名度,销售规模达到一定水平,企业利润比较稳定,初步完成资本原始积累时,企业就进入了成熟期,当企业处在这两个阶段时,面临的问题最少,企业家的满意度最高。我们的访谈发现,在过了中年以后,企业家开始面对各种问题,其中比较突出的是接班人和子女教育等问题,这些问题可能都是降低其满意度的原因。可能正是因为中年企业家事业处于巅峰,财富、声誉等各方面达到了人生的黄金期,所以更容易感到满足。

(5)企业家的性别、婚姻状况和户籍性质都不显著。离异或丧偶的确更可能不幸福(系数是负的),但它是不显著的。此外,户籍性质对于企业家的主观幸福感来说不重要。[①] 这些发现均与我们有关城镇居民的快乐决定因素的研究发现形成了对比(Jiang, Lu 和 Sato, 2008)。特别值得一提的是户籍,对于普通居民而言,人们通常会先验地认为农村居民的主观幸福感应当低于城镇居民。然而,随着 20 世纪 90 年代国企改革,城

---

① 我们曾将户籍区分为本地城镇户口、外地城镇户口、本地农村户口和外地农村户口,结果仍然不显著。

镇户口"铁饭碗"逐渐被打破,以及农村人口向城市转移,城镇居民的特权已经不是影响普通居民幸福感的重要因素。汝信等在《2005年:中国社会形势分析与预测》中对中国城乡居民生活满意度进行初步统计分析,得出"近八成农民感到生活幸福,农村居民幸福感高于城镇居民"的论断。Knight和Gunatilaka(2007)以及罗楚亮(2006)的研究都发现农村居民主观幸福感高于城镇居民。在我们的研究中,在城市里,只有当有户籍的城镇居民平均收入高于无户籍的外来人口平均收入达到某个程度之后,城镇居民才会比无户籍人口更快乐(Jiang, Lu和Sato, 2008)。与这些研究相比,在企业家的幸福感决定因素中,户籍因素并不重要,这或许是因为户籍因素对企业家的经济和社会地位影响并不大。

5.4　企业家满意度和心理健康的关联

在本章中,我们对幸福感的度量采用的是自评满意度,鉴于企业家心理健康和满意度有着正的相关性,而且心理健康的度量可以基于心理健康量表得到更为客观的指标,因此,我们也尝试了将焦虑和抑郁两种心理健康指标作为被解释变量来检验本章模型的稳健性。比较结果发现,大多数解释变量的符号都没有发生变化,但部分变量的显著性有所变化。在健康经济学里,自评健康被认为是实际健康指标的很好的代理变量(van Doorslaer和Jones, 2003)。在心理健康方面,我们的确也发现心理健康指标和主观满意度指标是显著高度相关的,如果用心理健康测评指标作为被解释变量,所发生的一些变化也主要是部分变量的显著性。这种显著性变化是因为数据样本量较小,还是因为在指标选取上主观幸福感和心理健康指标相互替代性较小,有待于今后的进一步研究。在这一节中,我们主要报告一些反映企业家满意度和心理健康状态的关联度的结果。

我们采用自编企业家满意度问卷以及症状自评量表(SCL-90)中焦虑和抑郁分量表作为研究工具。满意度问卷(4道题)采用李克特5点记分,从"不满意"到"很满意",主要调查企业家对工作、企业、家庭以及生活的总体满意程度,内在一致性系数为0.762。焦虑(共10道题)和抑郁分量表(共 13 道题)采用 5 级记分,从"从无"到"严重",内在一致性系数分别为 0.833 和 0.862,符合量表对信度的要求。有关焦虑和抑郁的量表见附件中的问卷和相关说明。

本问卷采用 5 级记分,1 为"不满意",5 为"很满意",3 处在两者之间。从表 5.7 中可见,企业家的满意度水平较高,尤其是家庭满意度最高,相对来说工作满意度最低。

表 5.7 企业家各种满意度问卷的均值和标准差

	均值	标准差
总体满意度	4.13	0.834
工作满意度	3.91	1.184
企业满意度	4.04	1.096
家庭满意度	4.45	0.918
生活满意度	4.11	1.034

在调查中,当企业家被问及"目前生活中是否感到存在什么程度的紧张和压力"时,认为自己没有压力的只有 10.19%,压力较轻的有 15.49%,压力一般的占 34.58%,而压力较大和压力极大的总共高达 39.74%。如图 5.4 所示。

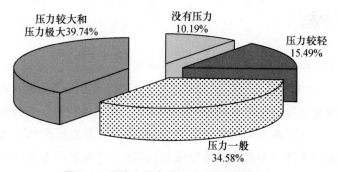

图 5.4 目前生活中感到什么程度的压力

进一步了解发现,对于在生活中是否感到焦虑,认为自己没有焦虑的只有 14.78%,觉得焦虑一般的企业家占 38.99%,感到焦虑较大和焦虑极强的总共占到 46.23%。在觉得焦虑较大或者焦虑极强的企业家列举的感到焦虑最主要的原因中,大部分企业家提到了企业的生存、发展压力;个人工作前途;资金压力;生活节奏快,知识更新快;市场变化大,竞争激烈,不少企业家还提到了身体健康问题是感到焦虑的最主要的原因之一。我们进一步分析了人口统计学变量在焦虑和抑郁变量上的差异。发现焦虑和抑郁两个因子在性别、学历、公司规模以及年龄等方面均差异不显著(统计结果略)。

我们最关心的问题是,企业家满意度与心理健康之间是否相关。从表 5.8 可见,焦虑和抑郁与满意度各个维度间均存在着极其显著的负相关。也就是说,企业家的满意度越高,他们的焦虑和抑郁程度越低。

表 5.8 企业家满意度与心理健康的相关性

	总体满意度	工作满意度	企业满意度	家庭满意度	生活满意度
焦虑	-0.356	-0.233	-0.233	-0.321	-0.351
抑郁	-0.383	-0.264	-0.232	-0.340	-0.386

注:表中的相关性系数均在 0.01 水平上显著。

我们的分析表明,就像主观的自评健康是昂贵的医学测度的健康指标的一个非常好的代理变量一样,满意度指标也可以作为心理健康指标的非常好的代理变量,这就进一步为快乐经济学研究(包括本章的研究)将主观度量指标作为被解释变量提供了支持。

5.5 小结

本章利用一个具有独创性的数据研究了企业家满意度的决定因素,事实上,企业家和企业相匹配的数据非常难得,就更不要说在企业家数据里有心理健康和满意度方面的度量指标了。我们不仅在这个数据的基础上考察了企业家满意度的决定因素,还检验了满意度指标和心理健康指标之间的相关性。本章的主要发现是:政府干预与企业家主观幸福感之间存在微妙的关系,政府干预的变化比政府干预的水平更能够解释企业家的满意度。如果政府干预造成企业负担越来越重,企业家更可能不满意,但如果企业负担越来越轻却不显著影响企业家满意度。这一发现是与心理经济学中的"损失规避"理论相一致的。本章还发现,更高的收入和教育水平都增加企业家满意度,年龄与企业家满意度之间的关系是倒 U 形的,而企业家的性别、婚姻状况和户籍性质都不显著影响企业家满意度。最后，本章还统计了企业家满意度和心理健康的关联，我们发现，企业家在各种维度上的满意度越高，他们的焦虑和抑郁程度越低。

虽然本章使用的研究数据是来自于在广西柳州市展开的企业调查，被调查者是广西柳州的企业家，但由于调查的企业经济类型覆盖了国有、集体、私营、联营、有限责任、股份制、外商投资、港澳台商投资企业，规模也覆盖了从注册资本在 50 万元以下的小型企业到注册资本在 500 万元以上的特大型企业，因此具有一定的代表性。企业家担负着企业生存和发展的重任，如何提高企业家的生活幸福感，改善企业家的心理健康水平，应当引起社会的重视。我们的研究表明，除了收入、教育和年龄这三个因素之外，企业家的其他社会经济特征并不显著影响其满意度。政府干预与企业家主观幸福感之间的关系说明，改善企业和企业家发展的外部环境，减少政府干预给企业造成的负担应该成为提高企业家满意度的重要举措，而且，如果政府干预加重降低了企业家的满意度，那么，同等程度的政府干预减轻却不会显著地增加企业家的满意度，这一点尤其应当引起政府的注意。在前面章节的研究中，我们始终试图借助政企关系的视角来理解民营企业的发展环境，这一章的研究似乎表明，政府干预经济的模式并不是没有代价的。

此外，通过发展经济，推动企业成长，提高企业家收入也是提高企业家满意度的有效政策。但是，收入的作用不应被夸大，因为研究发现，收入的持续提高并不会带来快乐的持续增长。与收入相比，提高企业家的教育水平似乎更为重要。最后，政府和社会似乎更应该去关心中年以后的企业家，通过切实帮助他们解决其面临的工作和生活中的实际问题来提高企业家的满意度。

心理问题在中国存在观念盲区，不少人出现心理问题时自己不能察觉或者羞于求助。企业家担负着企业生存和发展的重任，如何提高企业家的生活幸福感，改善企业家的心理健康水平，应当引起社会的重视。离开了身心健康的企业家，社会和谐和经济增长都将变得更为困难。

6 政企关系的过去与未来(代结论)

在这本书里,我们试图用一个理论框架和一组实证研究勾勒出有关当代中国民营企业家成长和民营企业发展的图景。在这一章中,我们将简要地总结我们的研究发现,揭示其含义。由于本书的每一章已经分别基于实证研究总结了其结论和政策含义,因此,作为全书的最后部分,本章不再重复每一章的结论和政策含义,而是总结我们整个研究项目可以得到的启示。最后,本章也将对政府与企业的关系再作一些讨论。

6.1 政府、企业和企业家之间的互动:我们知道了什么?

本书建立了一个政府(政府官员)、企业和企业家之间互动关系的分析框架,这个框架由三个部分组成。首先,在传统的经济学分析里,企业和政府是市场经济体制下三个最为重要的行为主体中的两个,因此,我们的分析框架的第一个组成部分就是政府和企业的关系,即政企关系。[①]传统的经济学分析框架所构建的是一个最为简化的市场经济模型,这个模型的一个最为重要的特点就是,所有的市场交易都是匿名的,市场体制对市场上的个体来说是中性的,价格机制引起的不平等主要是因为不同的人拥有不同的禀赋。在政府和企业这一对行为人当中,政府为企业提

---

① 另一个是商品市场上的消费者,同时,他也是劳动力市场上的劳动者。

供制度和管理,而企业则为政府提供税收和政绩。

但是,政治经济学的观点是,政府是由具体的政府官员组成的,而政府官员是有个人利益的理性行为人,同时,企业组织也有相应的人格化的代表,即企业家。政府和企业的人格化代表——政府官员和企业家——的互动构成了政企关系的又一个侧面,也是市场经济体制的又一个侧面,一个在传统经济学里相对较为忽视的侧面。如果说传统的政企关系表现的是市场经济体制匿名的一面,那么,由政府官员和企业家的互动所构成的就是市场经济体制非匿名的一面。在政府官员和企业家的互动中,政府官员配置着对企业发展有用的资源,同时,政府官员也在配置资源的过程中获得各种直接和间接的利益。而企业家也因为知道政治纽带的重要性,而积极地参政议政,或者与政府建立联系,同时,通过政治纽带,企业家可以获得用于企业发展的各种资源,最终,企业家又从企业的发展中获得经济、政治和社会地位。政府官员和企业家的互动完全是个人化的,从这一意义上来说,市场经济体制有其非匿名的一面。市场体制对于个体来说也不再是中性的,换句话说,由于企业家拥有的政治纽带是不一样的,市场配置资源的过程将也是一个制造不平等的过程。我们的研究发现,企业家的参政议政正在成为一个现实和趋势,在这个过程中,来自大企业的企业家,拥有中共党员或民主党派身份的企业家,以及父母本身是国家干部的企业家拥有了更多更好的机会,而企业家的教育似乎并不重要。

我们的研究的第三对关系是企业和企业家之间的关系。很容易理解的是,企业家能够从企业的发展中获得收入,并且,正如我们的研究所证实的那样,那些规模更大的企业的企业家还能够获得更多的社会地位和政治资源。反过来说,企业家对于企业的发展也是至关重要的。虽然对于管理学来说,这个话题有些老生常谈,但对于经济学实证研究来说,将企业绩效的决定因素的研究兴奋点转向企业家也只是最近这些年的事。在我们的研究中,正如其他研究也发现的那样,企业家的教育水平和政治身份(政治纽带)都能够给企业带来更多的利润。同时,我们还发现,企业家的决策方式如果是带有独裁性质的指示型的,他所领导的企业也能够获得更高的利润。尽管没有直接的证据,但从观察上来说,企业家采取指示性的决策方式之所以重要,恰恰可能是因为企业发展的很多重要的资源——特别是政企纽带——是与特定的企业家联系在一起的,而且掌握这种资源的,往往就是企业的主要领导。在一个体制不规范、信息复杂、发展迅速的经济里,带有独裁性质的决策虽然可能带来决策的失误,但却能够提高决策的效率,充分利用企业家所掌握的资源。对于那些规模更大的企业来说,指示型的决策方式更有利于提高企业利润,而教育水平更高的企业家则显示出更能够利用指示型的决策方式来提高企业利润。

这就是中国的企业和企业家所处的转型期间的生存和发展环境。面对这样的环境,企业家处在一个有些尴尬的境地。他们一方面在建立政治纽带的过程中获得了政府的资源和支持,加快了企业的发展;一方面,来自政府的干预却也成为了一种负担。我们采取了满意度这一指标来对企业家的生存状态进行了综合评价。我们的研究发现,的确,更高的收入能够给企业家带来更高的满意度,但同时,那些认为政府给企业造成的负担变得越来越重的企业家,其满意度则显著更低。同时,我们也发现,受教育程度高的、中年的企业家更可能获得较高的满意度。从这一角度来看,利用政治纽带来获得有利于企业发展的条件和资源,既给企业家带来了收入、地位和更高的满足感,同时,如果政府对企业的干预加重,企业家也会不满意。

"从来没有存在过真正自由、自发调节的市场体系。"当斯蒂格利茨(2007)写下这句话时,他紧接着提到的是发达国家在经济发展的早期,也曾经广泛地利用政府来干预经济,特别是实施贸易保护和促进新技术的政策。实际上,在发展中的经济,特别是从计划经济转型而来的发展中经济,政治和经济的互动更是一个广泛存在的事实。在企业发展的过程中,政治和经济的互动就具体地表现为本书所论述的政府(政府官员)、企业和企业家之间的互动,而在这个"三角关系"中,政府官员和企业家之间的互动又是人格化的。我们不太了解中国的市场经济转型是否会打破政府官员和企业家之间的互动,我们甚至难以评价这样的互动对于经济的发展究竟是利多还是弊多,但是我们知道,这种政府官员和企业家之间的互动展现了市场经济体制非匿名的和不平等的那一面,而且,它给企业家成长和企业发展带来的影响是可以观察到的,也在一定程度上是可以通过实证研究看得到的。

6.2 中国的民营企业如何基业常青?

我们在将有关民营企业家成长和企业发展的研究整理成专著的时候,正是2008年的下半年。这一年,中国民营企业的生存环境真是坏到了极点。从短期说,国际经济经历了几乎百年一遇的紧缩,而国内的宏观环境也变幻莫测。从中长期来看,经过了三十年高速发展之后,中国经济正在进入一个关键性的结构调整期,一系列重大政策的出台,成了这场结构调整的前兆。中国未来的经济成长在很大程度上取决于民营企业的成长。中国的民营企业如何基业常青?在人们纷纷讨论中国企业如何"过冬"的时候,我们的研究却探讨了中国民营企业发展的商业环境。

先从一个看上去不大相关的话题讲起,看看世界500强。正在我们开展中国民营企业研究的时候,《财富》杂志2008年的世界500强排名公布了。这一年,如果包括香港地区、台湾地区,中国有35家企业进榜,美国有153家。但是看近年来的趋势,中国500强企业的数量是增加的,而美国的500强企业数却在减少。我们看500强的榜单有什么意义?进榜的中国内地企业前三家是中国石油化工集团公司、国家电网公司和中国石油天然气集团公司,而且它们营业收入的数量比其他进榜的中国企业高一个数量级。然后是金融类的企业,其他的基本上都是企业名称带有"中国"的,或者和能源有关,或者和电信有关。我们都知道,在中国办企业,如果企业名字带上"环球"、"宇宙"、"国际"都没有问题,但是"中国"是不能随便放在企业名称里的。这些带"中国"二字的企业通常是有一定垄断性质的国有企业或者国有控股企业。

中国很少有大的民营企业,为什么?联系到世界500强的中国内地企业大多是国有垄断企业这一现象,我们特别想强调的是,中国民营企业发展所面临的一个巨大的困难就是商业环境不够健康。什么是良好的商业环境呢?如果要列举一些关键词的话,我们很容易想到"自由进入"、"平等竞争"、"金融成熟"和"法制健全"。如果用这几个词对照中国现状可以发现,这几个方面都不是很完善,而其中一个很重要的问题就是中国特殊的政企关系。以前,我们在讲政企关系的时候,都理解成政府对于国有企业的干预,而我们在研究民营企业的生存环境时会发现,民营企业的发展也时时刻刻受到政府的影响。这就导致中国的民营企业相对其他国家的民营企业来说更加依赖于企业家,因为政企关系一定是跟具体的人相结合的,而政企纽带的传承非常难,不是把孩子送到大学读书就可以读出来的。通常的政企关系是说政府为企业提供制度和资源,企业为政府提供税收和政绩,这样的关系是"匿名"的,不需要知道具体的企业家和政府官员是谁。但是如果企业和政府的关系具体表现为企业家和政府官员的关系,那么,这样的关系就是"非匿名"的了。中国民营企业发展所面临的问题就是,"非匿名"的政企纽带非常重要,而这种个人化的政企纽带一方面加强了企业家对于企业发展的重要性,一方面又对企业的发展和传承构成了重要的制约,特别是对于那些带有家族企业性质的民营企业来说,由于政企纽带难以传承,将对企业的基业长青构成额外的威胁。

政企纽带虽然对特定的企业有利,但对整个民营企业的成长却构成了非常严重的阻碍。在西方,政府的角色主要是制定市场规则,并且从企业外部规范市场和企业的运行,但是中国的政府常常直接参与企业交易的过程。中国因为缺乏有效的法律制度,使我们的企业经营方式形成了地方化和人际化的倾向。在西方国家,企业的产权是受到法律规制的,而在中国由于法律不健全,使企业更加倚重非成文的制度保护产权,或者更多地依赖关系——主要是与地方政府的关系——而非法律。在这样的商业环境里,企业家担任了人大代表、政协委员,他的企业就可以获得更好的发展条件,那么,一个结果就是,企业将热衷于通过参政议政来构建和维护政企纽带。而这种做法并不是没有代价的,我们的研究发现,如果企业发展的商业环境让企业家感到政府干预越来越重,那么,企业家对工作和生活的综合满意度也会受到负面影响。在中国的劳动力低成本优势逐渐减弱的转型期,如果企业仍然大量依赖政企纽带来发展,而不是寻求创新和市场机遇,那么,企业家的成长,企业和整个中国经济的持续发展怎么可能实现?

对于中国未来的经济增长而言,民营企业基业常青至关重要。那么,民营企业如果基业常青?今天的民营企业纷纷感到接班人非常重要,问题是,接班人接什么呢?根据我们的研究,有三个方面是非常重要的:第一是教育,现在越来越多的企业家愿意花大钱投资于子女的教育。第二,领导力也是很重要的。由于中国企业面临不规范的商业环境,企业经营的信息瞬息万变,外部宏观环境也非常不稳定,所以领导力和决策力非常重要。第三个方面,就是有中国特色的网络构建能力。问题是,在一个政企纽带非常重要的商业环境里,政企纽带是与具体的企业家联系在一起的,这对于企业的传承和长期发展是非常不利的。

中国经济的未来发展有一个潜在的优势,那就是规模经济,由于中国人口众多,经济总量庞大,民营企业的发展完全可能借助于仅少数国家能够拥有的规模经济。在中国改革的前三十年里,由于企业的规模总体上来说不大,本省甚至本市的市场规模就足以为企业发展提供条件,这时,政企纽带促进了企业在本地的成长。但是,随着企业规模的日益扩大,未来中国的企业势必要求突破本地市场的局限,这时,令人担忧的是,政企纽带往往都是本地化的,它将成为企业拓展市场的障碍。通俗地来说,如果沿海地区成长起来的企业想到内地去投资,没有与当地政府官员的关系,他们敢去吗?至少在本书作者接触的企业家当中,就有人提出了这样的疑问。如果本地化的政企纽带成为市场分割的工具,限制了企业规模的扩张,那么,很难想象未来的民营企业怎么能够长大,怎么能够成为中国经济竞争力的来源。

从发展的意义上来说,制度构建是最为重要的。中国有越来越多的企业家开始参政议政,这也不失为推动制度变革的一股力量,关键是要看中国的企业家们能否突破政企纽带的束缚。如果要改变目前的商业环境,至少有三个方面应该是可以做的:第一,更为开放的市场进入,特别是金融方面,信贷和上市方面应该减少对民营企业的歧视。从长远的发展来看,政府应该有意识地减少对企业发展非常重要的资源的控制。第二,促进公平的竞争环境。中国的现状是地方和地方间的市场分割非常严重。在中国经济发展早期,由于企业的规模比较小,企业都希望政府保护自己。但是经过三十年的发展,中国的企业正在长大。企业要长大,一定要把规模做大,要打破地方之间的市场分割,努力突破企业发展本地化的倾向。第三,企业可以联合起来自己提供服务。由政府给企业提供服务是要收费的,明的就是收税,暗的就是寻租,既然如此,如果企业家可以通过商会和行业协会自己组织起来提供一些服务,就可以减少企业对政府的依赖。

如果制度上不利于中国民营企业发展的商业环境能够得以改变,中国未来的企业发展,包括整个中国经济持续发展的潜力应该能够得以发挥。随着商业环境的完善,企业家的政企纽带应该不再像现在那么重要,这样,企业发展将不再像现在这样特别依赖特定的企业家,企业的传承和基业常青就更有保证了。

6.3 转型的终结?有关政治与经济的一点余论[①]

我们期待政企关系可以朝着更有利于企业发展的方向转变,但政企关系的转变本身可能就需要经济的持续发展来推动。从世界各国的情况来看,可能还没有哪个国家可以让政治纽带对于企业发展的作用完全消失。相对来说,政治纽带的作用更多地体现在发展中国家和经济转型国家。从东亚经济发展的经验来看,政府在经济的起飞阶段也曾经起到过非常直接的推动作用。在日本、韩国和中国台湾地区,很多企业在其成长过程中都得到过来自政府的各种扶持,但是,在经济发展到较高水平的时候,政府便在很大程度上从直接对企业的干预中退出了。在这本书即将结束的时候,用一点篇幅,把政企纽带放在政治与经济的关系这一更大的主题下进行讨论,是一件值得做的工作。

在第二次世界大战结束之前,经济学家对政府并没什么好感。政府如果说有用,也只是在经济危机到来的时候充当救火队,即使是这种对于政府职能的积极看法,也只是在凯恩斯的学说产生之后才逐渐被人们接受。但是,二战之后东亚经济的成功促使人们对东亚的经济发展模式和政府职能进行重新的认识。政府似乎完全可以不只是市场机制的补充,

---

[①] 这一节中有关政府职能与经济发展的内容改写自陈钊和陆铭(2007)。

更不是市场机制的对立面,相反,政府完全可以弥补市场的不足,甚至取代一部分市场的职能。

现在看来,Wade(1990)对于东亚经验的总结仍然是全面而准确的:第一,使用国家政策以促进国境之内的工业投资,并把这种投资更多地导入其增长对该国经济的未来增长至关重要的行业中去;第二,使用保护手段,创造一系列具有国际竞争能力的工业;①第三,如果所采取的发展战略要求严重依赖贸易,那就要把促进出口放在优先地位;第四,欢迎跨国公司,但把它们导向出口部门;第五,在政府密切控制下推广以银行为基础的金融系统;第六,逐步进行贸易和金融自由化,并与某种顺序安排保持步骤一致。东亚经济体都对市场进行管理,但管理的方法却有所不同。台湾地区大量借助于产业上游的公营企业,并且挑选外国企业,形成对下游小工业的推动力,同时,政府保持稳定的价格和有利于出口的汇率。韩国是以大量的私营企业集团为先导,以巨额信贷补贴和更多的直接引诱(后来更接近于协商的方式)指导它们。②

特别值得强调的是,在东亚经济中,政府和企业的紧密结合也有银行部门的密切参与。Wade(1990)论述了以银行为基础、价格受管制的金融系统的潜在优越性。首先,由于政府承担了私营部门若干损失的风险,它们的资金借贷就更大,增长也更快。其次,提供信贷的一方参与到了企业管理中去,在韩国,政府参与企业管理更多,而在日本则是政府和银行都参与企业管理,这使得企业在遇到困难时,信贷者不能以出售证券的方式撤资。也正因为如此,政府和(或)银行必须发展一种具有公共机构特征的能力来区分负责与不负责的信贷,并且对后者进行惩罚。市场信号一

---

① Wade(1990)提供了东亚国家扶持汽车、电子、石化等行业发展的案例,金滢基和马骏(1998)提供了石化工业的详细分析,特别是东亚经济推动石化产业技术进步的相关政策,包括:利用相机性进入(contingent entry)建立技术创新的动力;保证企业具有规模经济和国际竞争力;保证国内企业得到有利的技术转让条件;促进对引进技术的"开包";促进研究与开发。刘遵义(1998)总结了台湾、香港等地如何通过政府扶持的研究与开发活动来"外移生产可能性边界"和"创造比较优势"。

② 对于东亚经验的总结主要集中在二战以后的历史,实际上,将日本的政府主导型发展模式历史追溯到19世纪也不为过。胡适较早地指出,日本式的现代化处在统治阶级的中央集权的控制之下,它是有秩序的、精打细算的、连续性的、稳定的、有效率的现代化(罗荣渠,2004,第460页)。

旦因为行政规定价格和风险社会化而模糊起来,政府就必须建立中央指导机构,提供自己的信号来对市场信号进行补充。而如果要使政府在金融市场上的作用得以发挥,就必须对国内和国际金融市场进行适度的区分。①②

我们总结的经济发展和工业化进程中政府职能的几点认识与 Gerschenkron(1962)提出的第三世界的政治命题有着异曲同工之处。在Gerschenkron(1962)提出的五条第三世界的政治命题中有三条可以与我们的结论对应起来,它们是:命题之一,一个国家的经济愈落后,就愈不可能从传统政治体制向现代民主体制直接过渡,而需要通过若干中介阶段;命题之三,一个国家经济愈落后就愈需要强调权力集中,实行高度集权的政治运作,建立威权主义政府;命题之四,一个国家工业愈落后,工业化的启动就愈需要强大的国家导向与政治推动。③

在政府与企业紧密结合的发展模式中,市场经济体制非匿名性的一面显露无遗。在日本,早在明治时期就形成了紧密的政企关系,这一时期,"官营企业的大量下放以及各种形式的扶持和保护,对企业发展起了重要作用","在明治时期企业就十分重视疏通与政府关系,和官僚建立各种方式和渠道的联系,以从他们那里优先得到企业所需要的产业情报、技术情况以及各种实惠"(周见,1997)。在韩国经济快速成长的时期,由于资金不足,韩国政府曾经采取利率和汇率等多种政策来增加信贷供给,并且将信贷的分配大量掌握在政府手中。信贷的分配一度成为韩国非常重要的产业政策,而信贷的分配同时又创造了大量的租金。在20世纪50年代,与政府官员或有权势的政治人物有关系一般足以分到租金,这种状况到了20世纪60年代方有所改变(赵润济,1998)。

政府对企业和银行的干预,使得资源的配置大量借助于非市场的机

---

① 台湾的经济学家对于政府干预也存在着正反两派的争论(Wade,1990,中译本241—244页)。

② 事实上,在经济发展的早期,贸易保护是广泛被各国运用的政策,即使是在发达国家的历史上,他们也曾经广泛地运用保护主义的政策来扶持自己的弱势产业,其中,运用保护主义政策来发展自己的最为成功的国家不是别的,恰恰是在今天鼓吹自由贸易的英国和美国(Chang,2002)。

③ 转引自罗荣渠(2004,第509页)。

制,使得经济形成了错综复杂的政企、银企和政银关系。这在一定程度上也给经济的发展带来了束缚,特别是导致了金融系统的低效率和运作不良,而健全的金融监管体制却没有得到有效的建立,这些问题最终在东南亚金融危机来临时集中爆发。在东南亚金融危机之后,东亚经济对自己的经济做了不同程度的调整,其中,最为成功的是韩国。1998年4月,韩国政府以"金融、企业结构调整促进方案"为契机,在改善行业结构、财务结构和治理结构三个方面启动了企业结构调整,使得经济很快重新获得了高速增长。之后,韩国又于2001年制定了"企业信用危险常时评价制度"和"结构调整促进法"等法规,修改了"公司整顿法",建立了规范化的结构调整体制。

东亚经济发展的经验,包括发达国家在其经济发展初期的经验说明了这样一系列的道理:第一,在工业化和经济发展的早期,政府在资本积累、技术进步和市场培育等方面的干预是不可或缺的,任何迷信市场,认为私人经济的发展可以自然地实现工业化的理论并不被历史的经验所支持。第二,随着经济发展的水平越来越高,微观信息也就越来越复杂,因此,政府应该及时地转变其直接干预经济的角色,转而致力于处理宏观经济问题。第三,正确的经济政策本身比政策的决定机制更重要,民主的制度如果不能实施正确的政策,那么就不利于经济的工业化和现代化,相反,政府的干预、保护,甚至一定形式的集权,却是很多经济上取得成功的发展中国家(或地区)在早期阶段所具有的政治体制模式。

东亚经验还说明,随着国内经济的逐步强大,政府对贸易和金融的管理应该转为渐进的贸易和金融的自由化。① 在日本,一旦某个产业具有了相当的国际竞争力,政府的介入就会减少。日本发展银行的补贴贷款,通产省的研究开发补贴、税收优惠和进口保护都被减少或者取消(卡林纳,2000)。在经济发展过程中,政府应该逐步地减少对经济的直接干预,越来越多地发挥民间部门的作用。"当技术非常先进而新技术的开发前景极为不确定的时候,如果政府深入参与标准的制定,即使是与民间部门共同制定,一旦失误,将导致巨额的成本"(青木昌彦、穆尔多克和藤原正

---

① 在次序上,金融自由化应放在进口自由化之后基本上成了共识。

宽,1998)。

政府在经济发展过程中起到的作用究竟是怎样的?随着经济发展和企业成长,政府的作用将会发生怎样的转变?非匿名的市场交易是否会随着经济发展而被抛弃?这三个问题一直是经济学家们试图回答的问题,也是理解东亚经济发展模式和中国未来发展道路的核心问题。经济的发展伴随着市场范围的扩大,在市场范围扩大之后,相同的人们在不同的市场上进行重复交易的可能性越来越小,因此,人们将越来越少地依赖于特定时空范围内的关系,而越来越多地在交易中建立起普遍适用的规则(王永钦,2005,2006)。随着市场的拓展和经济的发展,市场信息越来越丰富和复杂,市场在处理一时一地交易中的信息时将越来越具有优势,而政府的干预和管制则将遇到在微观信息处理方面的极大劣势[①],这时,政府的明智选择就应该是减少对微观经济(特别是企业)的直接干预。

随着经济发展中的信息越来越复杂,靠政府推动经济发展的模式也应该适当地进行调整。在工业化的时代,比如造一个轮胎或者建一座桥梁,信息都是可以参数化的,可以写在纸上,凡是可以参数化的事情,相对来说政府掌握信息的劣势不明显,而它动员资源的优势更为突出,这个时候政府的功能很强是有道理的。但是,进入后工业化时代之后,当信息越来越分散,越来越复杂,政府直接推动经济发展的优势就减弱了。后工业化时期的产业,如信息、文化、艺术、出版、创意、设计、咨询等,都是靠脑力劳动的。当经济发展进入一个越来越依赖脑力劳动的阶段,政府在推动经济发展时的优势就越来越小了,因为政府所需要的经济信息越来越集中在私人手里。

在经济发展过程中,政府减少对微观经济的直接干预并不意味着政府职能的降低,因为在宏观层面上,经济发展使得经济中存在的不确定因素增加,特别是当经济开放程度提高时,经济受到全球经济影响的程度也同时提高,这时,政府在宏观管理方面的重要性则越来越强。正是在这一

[①] 市场具有处理信息的优势,这一点是由 Hayek(1945)最早提出的,但是,他没有意识到,市场在处理信息方面的优势将随着经济发展水平的提高而提高。

意义上,政府职能可能是经济发展水平的函数(陈钊和陆铭,2007)。①

经济发展的"东亚模式"从经验上证明了政府功能应该是经济发展阶段的函数。经济学家们注意到,"当经济处于低发展状态时,中介机构数量十分有限,企业的经济协调能力也很不成熟,甚至市场效率也由于缺乏统一性以及经济中产权安排的低发展水平而大打折扣。在这种情况下,……政府政策在促进发展方面便有相当大的适用空间。但随着经济日趋成熟,民间部门的能力有了提高,政策的运用范围也就更受限制了。"②研究现代化的学者也注意到,"随着现代经济的不断增长,国家结构与发展模式也必将发生相应的转变,只有这样才能加强经济的自主能力与社会的自主性,从而容纳更大的现代生产力和进一步解放生产力。"③

从东亚经验来看,政府在推动经济发展至一定阶段之后,政府便有意识地从经济活动中适度退出,以保持私人部门的活力。那么,随着经济发展,政府减少对微观经济(企业)的干预是不是一种确定性的预期呢?并不一定。政府职能本身就是一种制度安排,而制度的演进过程本身就是"内生"的。通俗地来说,制度演变通常不是在外力作用之下发生的④,而是在各种力量的博弈之下被选择的。博弈的结果可能是,在政府主导经济发展的模式之下拥有权力的人继续主导制度演变的方向,从而使社会"选择"了有利于既得利益集团的制度。从过去的经验来看,东亚的发展道路似乎更为表现出政府职能不断根据经济发展的需要而调整的趋势,

---

① 从更为微观的层面来看,在经济发展水平提高的过程中,也有机制使关系仍然重要。既有的理论认为,经济发展和市场拓展的过程使得规则型合约更具优势。规则型合约宜于大规模地采用,可以摊薄规则制定和实施的成本。但是,既有的理论也忽略了经济发展中的另外一面。在我们看来,经济发展是一个分工不断拓展的过程,也是一个不断创新的过程。随着分工的拓展,人们相互之间对于对方拥有的知识将越来越缺乏了解。特别是在劳动生产率不断提高的过程中,越来越多的创新是思想和技术的创新,信息的复杂性将大大提高。在市场交易中,信息可能在某些领域内(特别是服务业)越来越难以被具体化为技术参数,比如在看病时用什么药,在大学里教什么知识,在咨询业里找谁做评估,在装修时找哪家公司,甚至在美发时进哪家店。当然,基于规则的合约总有一定的用处,此外,关系还是可以解决很多在显性合同之外的问题。"多个朋友多条路",这句话似乎也不会因为经济发展了就变得不成立了。
② 参见青木昌彦等(1998,第 26 页)。
③ 参见罗荣渠(2004,第 473 页)。
④ 除非发生战争,或者在历史上的殖民地时代出现的"制度移植"。

而南美则更像是被既得利益集团主导了制度演变的走向。中国虽然地处东亚,但在防止既得利益集团主导制度演变的走向这一问题上,仍然需要避免出现"拉美化"的趋势。

随着价格的自由化、产权的私有化、经济的开放和政府的放松管制,传统意义上的从计划到市场的经济转型在大多数前计划经济国家已经终结。然而,经济的转型本质上是一个重新划分市场和政府的边界的过程,如果我们把这种市场与政府边界的划分放到经济长期发展的历史中去看,那么,传统意义上的从计划到市场的转型只是政府功能随经济发展而作出调整的一个阶段(当然也是极为重要的一个阶段),放眼于更长的历史跨度,我们将发现,针对不同经济发展阶段的政府与市场边界的不断调整才是一个永恒的话题。

中国在过去的三十年中,尤其是 20 世纪 90 年代中期以来,政府在经济发展中发挥了巨大的作用,特别是在基础设施建设和制造业的发展方面。经过三十年的改革开放,中国已经基本上建立起市场经济体制,她已经具有了自由的价格体系,私人部门在经济中占有了大部分份额,商品市场和资本市场已经基本走向开放①,政府对经济的管制也已经大范围放松。从"转型"这个词所指的经典意义来看,中国已经完成了从计划经济向市场经济的转型。但是,就在中国已经终结了由计划经济体制向市场经济体制的转型之时,另一种"转型"似乎才刚刚开始。以中国所处的经济发展阶段论,中国经济目前所渗透着的政府干预和管制有其所处发展阶段的背景。在东亚经济发展的早期,特别是在日本、韩国和中国台湾地区,政府都曾经扮演过推动经济发展的重要角色。但是,这些东亚经济体在经济成长到一定阶段之后,政府便适时地减少了对经济的干预和管制,在很大程度上实现了政经(政企)分离。因此,中国在终结了经典意义的从计划到市场的转型之后,她面临的将是一场更为艰巨的转型,这场转型要求政府在步入新的发展阶段时适时地退出或调整对经济的直接干预和管制,转变政府的职能。

东亚各经济体的发展历程似乎说明,政府对企业的作用主要发生在

---

① 除了少数商品和资源的价格还存在管制,劳动力还不能自由流动,土地还不能自由交易以外。

经济发展的早期,而随着经济的发展,政府主动选择了减少对企业的扶持和干预。中国是不是也会沿着这条路径来走?目前似乎还看不清楚。可以确定的是,传统经济学理论所刻意强调的自由竞争式的资源配置过程肯定不是现代市场经济体制的全部。只要信息不是完美的,企业家的作用就是重要的。只要特权是存在的,政府(官员)和企业(家)的互动就是无法避免的,市场机制就不会是完全匿名的。在世界上的很多地方,关系和政企纽带都对企业绩效有着重要的影响,但也许这种影响在中国程度最深,范围最广。市场经济从来都不是完全竞争的,特别是当企业所依赖的政企纽带建立在不可竞争的特权基础上的时候,市场体制还暴露出了它的不公正的那一面。①

从"转型经济学"来看中国经济改革的历史,随着价格的自由化、民营经济的发展、政府管制的放松和经济的全面开放,中国已经被世界上的许多国家承认为市场经济国家,从这个意义上来说,中国的经济转型已经终结。但是,如果从"经济发展"的视角来看,中国的政府与市场的关系、政府与企业的关系仍然需要不断地做出调整。在这一意义上,转型才刚刚开始,远没有终结。

---

① 关系和权力配置资源,这个现象的确普遍存在,这是否影响了市场经济的公正性,关键是要看权力是否是"可竞争的"。特别感谢陈钊在与作者的讨论中提出这一点。

附录一 "民营企业家与企业发展研究"调查问卷发放情况说明

柳州,又称龙城,位于广西中部,是以工业为主、综合发展的区域性中心城市和山水景观独特的历史文化名城。柳州市辖六县四区,总面积1.86万平方公里,总人口354.55万人。柳州是广西工业中心,中国西部重要的制造基地。柳州市已形成以汽车、机械、冶金为支柱产业,化工、制药、林纸、制糖、建材、烟草、纺织等产业共同发展的工业体系。

一、柳州下辖6县4区,分别是柳北区、柳南区、鱼峰区、城中区4个城区,柳江县、柳城县、鹿寨县、融安县、融水县、三江县6个县,共10个县区。此次调研主要集中在4个城区,6个县中只发给离柳州较近、经济较强的柳江、鹿寨、柳城3个县。4个城区侧重根据经济结构原则,3个县区侧重根据经济发展水平的代表性原则进行问卷发放的。

二、在被调研的县区中,4个城区分别发放250份问卷,3个县发放情况是:鹿寨县20份,柳江县20份,柳城县10份,县区总共发放1 050份。县与城区发放数量不一样,主要根据企业多少比例原则。

三、在每个县区中,调查对象是由县区工商联根据企业规模的代表性和地域性选择,所选对象均为民营企业。

四、调查问卷发放方式主要有两种:一是集中有代表性企业的负责人开座谈会,并由负责人填写或带回企业填写问卷;二是由工商联派出的调研员将问卷送到选择的企业,过一定时间后回收。全部共回收1 017份。问卷均是由企业相关人员填写。每个县区调研的组织者和开展者均是该县区工商联工作人员。

五、此次调研的1 017家民营企业(仅计收回问卷的企业数)代表着柳州全市登记在册的6 634家民营企业。

附录一 "民营企业家与企业发展研究"调查问卷发放情况说明

六、调研前市工商联先后组织开过两次会议,主要内容分别是:第一次,召开所需发放问卷的县区的工商联会长动员布置会,目的是使相关县区工商联重视此次调研工作。第二次,组织工商联会长进行调研前培训,并分发调查问卷。

七、调研前主要由市工商联领导组织各县工商联工作人员作调查问卷工作相关说明和培训。由于市工商联经费有限,调研工作中,只对工作量较大的 4 个城区的调研员进行经济补贴,其他 3 个县的调研员和此次调研所有受访者均没有给予资金补贴。

附录二 调查问卷

调查日期：____年____月____日（请填写）

问卷编号：_____（不必填写）

企业家问卷

A．个人基本信息

1．您的出生年月：____年____月

2．您的性别：_____

（1）男　　　　　　　　　　（2）女

3．您的身高：_____厘米；体重：_____公斤

4．您的婚姻状况：_____

（1）已婚　　　　　　　　　（2）未婚

（3）离异未再婚　　　　　　（4）丧偶

5．您的政治面貌（如是党员或民主党派，请注明入党时间）：_____

（1）中共党员（入党时间_____）

（2）民主党派（加入时间_____）

（3）共青团员

（4）群众

6．16岁之前您主要生活在哪里：_____

（1）本市城镇　　　　　　　（2）本市乡村

（3）本省其他地区的城镇　　（4）本省其他地区的乡村

（5）其他省份的城镇　　　　（6）其他省份的乡村

（7）港澳台地区或国外

7. 现在您的户籍所属：_____

（1）本市城镇　　　　　　　（2）本市乡村

（3）本省其他地区的城镇　　（4）本省其他地区的乡村

（5）其他省份的城镇　　　　（6）其他省份的乡村

（7）港澳台或国外

8. 您的兄弟姐妹（包括您）一共有几人？_____人；您排行第几？_____

9. 您的文化程度：_____

（1）小学以下　　　　　　　（2）小学

（3）初中及初中中专　　　　（4）高中及高中中专

（5）大专　　　　　　　　　（6）本科

（7）硕士研究生　　　　　　（8）博士研究生

10. 您的外语水平：_____

（1）熟练掌握两门以上　　　（2）熟练掌握一门

（3）一般水平掌握一门　　　（4）不会外语

11. 您在港澳台地区及海外生活累积时间：_____年

12. 您在港澳台地区及海外受教育累积时间：_____年

13. 您在港澳台地区及海外工作累积时间：_____年

14. 您是否参加过国内或国外的 MBA 课程并且具有学位证书？_____

（1）是　　　　　　　　　　（2）否

15. 您是否参加过经济管理、领导才能之类的商业培训？_____

（1）是　　　　　　　　　　（2）否

16. 您是否在行业协会、商会等经济组织担任职务：_____

（1）是　　　　　　　　　　（2）否

17. 您是否是各级人大代表或政协委员：_____

（1）不是　　（2）乡镇一级　　（3）县区一级　　（4）地市一级

（5）省级　　（6）全国

18. 您是否曾有参军入伍的经历：_____
    （1）是　　　　　　　　　　（2）否
19. 您是否曾有知识青年上山下乡的经历：_____
    （1）是　　　　　　　　　　（2）否
20. 您现在平均每天的工作时间是：_____小时

B. 工作经历信息

21. 您从哪年开始参加正式的劳动工作？_____年
22. 担任现任职务前，您是否在以下职业中有超过三年的从业经历（多选）：_____
    （1）农民　　　　　　　　　（2）工人
    （3）教师　　　　　　　　　（4）企业销售人员
    （5）企业技术人员　　　　　（6）企业管理人员
    （7）政府机关干部　　　　　（8）普通公务员
    （9）事业单位职员　　　　　（10）个体户
    （11）自由职业人员　　　　 （12）企业主
23. 在进入本企业前，您在本行业从事工作多少年？_____年
24. 您至今在本企业工作了_____年
25. 您从哪年开始担任现任职务：_____年
26. 您现在担任的职务是(可多选)：_____
    （1）总裁　　　　　　　　　（2）董事长
    （3）总经理　　　　　　　　（4）党委书记
    （5）企业副职（副总裁，副董事长，副总经理）
27. 您是否参与了现任职企业的创立过程？_____
    （1）是　　　　　　　　　　（2）否
28. 您是否是现任职企业的唯一创造人？_____
    （1）是　　　　　　　　　　（2）否
29. 如果担任现任职务前，您已经在本企业工作，则您的职务是：_____
    （1）总裁　　　　　　　　　（2）董事长
    （3）总经理　　　　　　　　（4）党委书记

(5)副总裁　　　　　　　　(6)副董事长

(7)副总经理　　　　　　　(8)副党委书记

(9)其他高级管理人员　　　(10)一般管理人员

30. 如果担任现任职务前,您不在本企业工作,您是否在本行业工作？_____

(1)是　　　　　　　　　　(2)否

31. 如果担任现任职务前,您不在本企业工作,则您任职于：_____

(1)私营企业　　　　　　　(2)国有企业

(3)集体企业　　　　　　　(4)合资企业

(5)外资企业　　　　　　　(6)党政军部门

(7)事业单位

32. 如果您曾任职于党政军部门及事业单位,您的最高级别：_____

军衔：(1)士官　　　　　　(2)尉官,排连级

　　　(3)校官,师团营级　　(4)将官,军级以上

行政级别：(5)县处级以下　　(6)县处级

　　　　　(7)厅司级　　　　(8)省部级

33. 您在担任前任职务时,年收入(税后,不包括四金)有：_____元

(1)5万以下　　　　　　　(2)5.1万—10万

(3)10.1万—15万　　　　 (4)15.1万—20万

(5)20.1万—30万　　　　 (6)30.1万—50万

(7)50.1万—80万　　　　 (8)80.1万—130万

(9)130.1万—200万　　　 (10)200.1万—300万

(11)300.1万—500万　　　(12)500万以上

34. 您离开前任职务的原因是：_____

(1)晋升或受聘新职　　　　(2)组织任命和调整

(3)主动离职　　　　　　　(4)解聘离职

(5)原企业转制　　　　　　(6)原企业破产

(7) 其他

35. 您现任职务的就职方式：_____

(1) 组织任命　　　　　　(2) 自己创业

(3) 职工选举　　　　　　(4) 家庭继承

(5) 从本企业受聘　　　　(6) 从其他企业受聘

(7) 其他

36. 您在企业中的股权比例：_____%

37. 您现在的收入形式主要是(可多选)：_____

(1) 月薪　　　　　　　　(2) 年薪

(3) 股息、红利　　　　　(4) 奖金

(4) 期权股份　　　　　　(5) 企业税后利润分成

(6) 其他

38. 您在担任<u>现任</u>职务时，年收入(税后，不包括四金)有：_____元

(1) 5万以下　　　　　　　(2) 5.1万—10万

(3) 10.1万—15万　　　　　(4) 15.1万—20万

(5) 20.1万—30万　　　　　(6) 30.1万—50万

(7) 50.1万—80万　　　　　(8) 80.1万—130万

(9) 130.1万—200万　　　　(10) 200.1万—300万

(11) 300.1万—500万　　　 (12) 500万以上

39. 您去年在本企业获得的全年总收入共约_____万元，企业职工在本企业获得的<u>最低</u>年收入大约_____万元。

40. 在您任职企业的重要<u>人事任免</u>决策中，主要是以下哪种形式实行？

(1) 主要领导决定　　　　(2) 领导集体决定

(3) 职工集体决定　　　　(4) 企业职能部门决定

(5) 政府相关部门组织决定　(6) 其他

41. 在您任职企业的重要<u>生产管理</u>决策中，主要是以下哪种形式实行？

(1) 主要领导决定　　　　(2) 领导集体决定

（3）职工集体决定　　　　（4）企业职能部门决定

（5）政府相关部门组织决定　（6）其他

42. 在您任职企业的重要<u>收入和福利分配</u>决策中,主要是以下哪种形式实行？

（1）主要领导决定　　　　（2）领导集体决定

（3）职工集体决定　　　　（4）企业职能部门决定

（5）政府相关部门组织决定　（6）其他

43. 家庭成员基本情况

家庭成员		父亲	母亲	配偶
文化程度	（1）小学以下　（2）小学　（3）初中及初中中专　（4）高中及高中中专　（5）大专　（6）本科　（7）硕士研究生　（8）博士研究生			
政治面貌	（1）中共党员　（2）民主党派　（3）共青团员　（4）群众			
迄今的最高行政级别或军衔	（0）一般士官或职员　（1）尉官,排连级　（2）校官,师团营级　（3）将官,军级以上　（4）县处级　（5）厅司级　（6）省部级			

C. 企业家性格

这部分旨在了解企业家性格对企业发展的影响。请您根据自己的实际情况和感受在下面的问卷中如实填写,答案无对错与好坏之分,所以对于每一个问题请只能选择一个答案,请不要漏答任何题目。

第一部分

指导语:请仔细阅读下面的每一个叙述,根据您的实际情况,在代表那一程度的数字上打钩。数字从小到大表示您对这一叙述的同意程度越来越强。

	完全不同意	比较不同意	不知道	比较同意	完全同意
1. 我很容易给一个沉闷的聚会注入活力。	①	②	③	④	⑤
2. 我认准的事,即使有人说三道四我也能坚持下去。	①	②	③	④	⑤
3. "人的命,天注定"这句话很正确。	①	②	③	④	⑤
4. 我不会让别人为我自己造成的损失分担责任。	①	②	③	④	⑤
5. 即使有成功的可能,我也不愿做要冒一定风险的事情。	①	②	③	④	⑤
6. 如果让我在医生和勘察人员两种职业中任选一种,我选择前者。	①	②	③	④	⑤
7. 当我接受一项较难的任务时,我会担心自己没有把握做好。	①	②	③	④	⑤
8. 在结交新朋友时,我经常是积极主动的。	①	②	③	④	⑤
9. 在遇到外界因素干扰时,我常改变原来的目标。	①	②	③	④	⑤
10. 我得到了我想得到的,主要是因为我的勤奋和努力。	①	②	③	④	⑤
11. 如果我做错了一件事,我希望由别人来承担责任。	①	②	③	④	⑤
12. 面临没有把握克服的难题时,我会非常兴奋和快乐。	①	②	③	④	⑤
13. 我认为解决问题的最好途径是循序渐进。	①	②	③	④	⑤
14. 我担心自己无法胜任目前的工作。	①	②	③	④	⑤
15. 在社交场合,我倾向于待在不显眼的地方。	①	②	③	④	⑤
16. 当事情进展得不顺手时,我就想另辟蹊径。	①	②	③	④	⑤
17. 个人能取得多大成就常由机遇决定。	①	②	③	④	⑤
18. 在工作中,我只求能对付过去便可。	①	②	③	④	⑤
19. 我不做和大多数人针锋相对的事情。	①	②	③	④	⑤
20. 有时我喜欢违反常规干些出人意料的事情。	①	②	③	④	⑤
21. 我觉得自己比其他人精明能干。	①	②	③	④	⑤
22. 在别人眼里我总是充满活力。	①	②	③	④	⑤
23. 如果我的观点遭到一些人的议论,我会很快改变自己的观点。	①	②	③	④	⑤
24. 我更偏爱那些凭借运气而不是纯粹需要技术的游戏。	①	②	③	④	⑤
25. 对我而言,最重要的事情是对工作和同伴尽责。	①	②	③	④	⑤
26. 在不确定的情况下做决策时,我常采用非常谨慎的方式。	①	②	③	④	⑤
27. 我讨厌那些变化不定和无法预测的事情。	①	②	③	④	⑤
28. 我对自己的工作充满自信。	①	②	③	④	⑤
29. 我认为自己的相貌气质比一般人要好。	①	②	③	④	⑤

第二部分

指导语:下列 1—23 题列出了有些人可能会有的问题,请仔细阅读每一条,然后根据最近一星期您的实际情况,在每题后的 5 个方格中选择一格,划一个"√"。

	0 从无	1 轻度	2 中度	3 偏重	4 严重
1. 经常责怪自己	□	□	□	□	□
2. 无缘无故地突然感到害怕	□	□	□	□	□
3. 感到坐立不安,心神不定	□	□	□	□	□
4. 感到自己没有什么价值	□	□	□	□	□
5. 神经过敏,心中不踏实	□	□	□	□	□
6. 对异性的兴趣减退	□	□	□	□	□
7. 感到自己的精力下降,活动减慢	□	□	□	□	□
8. 想结束自己的生命	□	□	□	□	□
9. 发抖	□	□	□	□	□
10. 容易哭泣	□	□	□	□	□
11. 感到受骗,中了圈套或有人想抓住您	□	□	□	□	□
12. 感到孤独	□	□	□	□	□
13. 感到苦闷	□	□	□	□	□
14. 过分担忧	□	□	□	□	□
15. 对事物不感兴趣	□	□	□	□	□
16. 感到害怕	□	□	□	□	□
17. 心跳得厉害	□	□	□	□	□
18. 感到前途没有希望	□	□	□	□	□
19. 感到紧张或容易紧张	□	□	□	□	□
20. 感到任何事情都很困难	□	□	□	□	□
21. 一阵阵恐惧或惊恐	□	□	□	□	□
22. 感到熟悉的东西变成陌生或不像是真的	□	□	□	□	□
23. 感到要很快把事情做完	□	□	□	□	□

第三部分

指导语:请考虑下列各个题目,并对每个题目后的四个选项进行排序,您认为最合适的回答记 8 分,其次 4 分,再者 2 分,最不合适的记 1 分。例如对第 1 题的回答,如果 A 选项最合适,就在 A 选项后的"( )"中填上"8",其余的分别记上 4 分,2 分和 1 分。每题后的四个选项一定要按照您的合适情况分别填上 8、4、2、1，请不要出现两个或两个以上的选项打分相同的情况。

1. 我希望为我工作的人是_____
   A. 多出成果的，快速的。（ ）
   B. 很能干的。（ ）
   C. 能响应并承担工作的。（ ）
   D. 对建议易于接受的。（ ）

2. 我所做的工作使我_____
   A. 有权来影响别人。（ ）
   B. 承担挑战性的任务。（ ）
   C. 有达到个人目的的机会。（ ）
   D. 有为群体所接受的机会。（ ）

3. 我和这样的人一起工作得好_____
   A. 有干劲和抱负的人。（ ）
   B. 守时的、自信的人。（ ）
   C. 好奇的、虚心的人。（ ）
   D. 有礼貌的、能信任他人的人。（ ）

4. 在有压力时，我_____
   A. 变得坐立不安。（ ）
   B. 把注意力集中在问题上。（ ）
   C. 感到沮丧。（ ）
   D. 担心或健忘。（ ）

5. 别人认为我_____
   A. 敢作敢为，盛气凌人。（ ）
   B. 有纪律性，一丝不苟。（ ）
   C. 富于想象力，追求尽善尽美。（ ）
   D. 有同情心，能给人以支持。（ ）

6. 我不喜欢_____
   A. 失去控制。（ ）
   B. 令人厌烦的工作。（ ）

C. 遵守规定。（　）

D. 被人甩在一边。（　）

7. 在社交场合中,我经常＿＿＿＿＿＿＿＿

A. 和别人谈话。（　）

B. 想一想我说了什么。（　）

C. 观察一下有什么事情发生。

D. 倾听人家谈话。（　）

8. 我特别善于＿＿＿＿＿＿＿＿

A. 记住日期和事实。（　）

B. 解决疑难问题。（　）

C. 看到许多可能发生的事情。（　）

D. 与别人交往。（　）

9. 我尽量避免＿＿＿＿＿＿＿＿

A. 长时间的辩论。（　）

B. 给未了的工作留个"尾巴"。（　）

C. 使用数字或公式。（　）

D. 与别人发生冲突。（　）

10. 在工作中我寻求＿＿＿＿＿＿＿＿

A. 实际结果。（　）

B. 最佳的解决办法。（　）

C. 新方法,新想法。（　）

D. 好的工作环境或条件。（　）

11. 和别人联系的方式,最好是＿＿＿＿＿＿＿＿

A. 口头上的、直接的。（　）

B. 文字上的。（　）

C. 进行一次讨论。（　）

D. 开会。（　）

12. 在制订计划时,我注重＿＿＿＿＿＿＿＿

A. 当前的需要。（　）

B. 达到目标。（　）

C. 未来的目标。（　）

D. 本单位的需要。（　）

13. 在解决问题时，我_____

　A. 依赖经过验证的方法。（　）

　B. 进行谨慎的分析。（　）

　C. 寻求有创见的方法。（　）

　D. 感情用事。（　）

14. 我善于记住_____

　A. 人们的姓名。（　）

　B. 我们相会的地点。（　）

　C. 人们的脸。（　）

　D. 人们的性格。（　）

15. 在使用信息时，我喜欢_____

　A. 具体事实。（　）

　B. 准确而完整的资料或数据。（　）

　C. 有多种抉择。（　）

　D. 有限的数据或资料以便于理解。（　）

16. 我的决策是_____

　A. 现实的、非个人的。（　）

　B. 有系统的、概括的。（　）

　C. 广泛的、灵活的。（　）

　D. 照顾到别人需求的。（　）

第四部分

指导语：下列各题请根据您的实际情况，用是或否来回答，"是"用"＋"表示，"否"用"－"表示。

1. 您是否喜欢表现自己的威风。（　）

2. 在实施一项决定之前，您是否认为应该花费若干时间和精力去详细说明理由。（　）

3. 您是否让下属人员知道与他们有关的各种最近发展情况，并认为这是理所当然的？（　）

4. 您在向下属分派任务时,是否只讲清目标由下属人员自己决定工作方法?(　)

5. 您是否认为一个领导者应该与下属保持疏远态度?因为关系密切,会使下级养成一种不尊敬您的心理?(　)

6. 下级人员选择星期一为集体活动的日期,您了解大多数人都赞成星期一,但您认为星期二更好,您是否将这个问题交给大家表决,而不由自己决定?(　)

7. 您是否认为,对下级人员的态度越友好,就越容易领导他们?(　)

8. 您经过相当长的时间,想出了解决问题的方法,当您把它交给您的助手时,他不予理会,问题仍然没有解决,对这种情况,您是否只感到烦恼,而不对这位助手生气?(　)

9. 您是否认为,想避免纪律上的问题,最好的办法是对违反纪律者规定惩罚的措施?(　)

10. 您是否认为,您的每一个下属都应该对您表示忠诚?(　)

11. 您是否希望有一个委员会来解决一项问题而不是自己着手处理?(　)

12. 您的下级意见不一致,有人认为这是正常现象;也有人认为,这是影响人员团结的缺点,你是否同意第一种观点?(　)

13. 您见到新来的员工,不介绍自己就先问他的姓名,是吗?(　)

14. 您伤透了脑筋拟订的解决问题的方案,下属却挑了很多毛病。您没有生气,但为问题依然没有解决而坐立不安,是吗?(　)

15. 在您的领导职责方面,您是否愿意从事行政管理工作——计划、文书处理等,而不愿负起监督职责,或直接同下属一道工作?(　)

第五部分

1. 您目前生活满意程度如何?请在下列各项中选出您认为恰当的数字。

① 不满意　② 有点不满意　③ 无所谓　④ 有点满意　⑤ 很满意

a. 您目前的工作
b. 您所在的企业(公司)
c. 您的家庭
d. 生活的总体情况

2. 目前生活中是否感到存在什么程度的紧张和压力(请在适当位置画"√")

① 没有压力　　　　② 压力较轻

③ 压力一般　　　　④ 压力较大

⑤ 压力极大

3. 目前生活中是否感到存在什么程度的焦虑(请在适当位置画"√")

① 没有焦虑　　　　② 焦虑较轻

③ 焦虑一般　　　　④ 焦虑较大

⑤ 焦虑极强

4. 如果在第3题中的选项是"焦虑较大"或"焦虑极强",请简单写出让您感到焦虑最主要的三个原因:

①:

②:

③:

5. 目前生活中是否感到存在什么程度的孤独(请在适当位置画"√")

① 没有孤独感　　　② 孤独感较轻

③ 孤独感一般　　　④ 孤独感较大

⑤ 孤独感极强

调查日期：____年____月____日（请填写）

问卷编号：_____（不必填写）

企 业 问 卷

A. 企业基本信息

1. 贵公司所在地：_____区（县）_____乡（镇）_____路（村）

2. 贵公司成立时间_____年

3. 贵公司注册资本_____万元

4. 贵公司所有制类型

（1）国有　　　　　　　　　　（2）集体

（3）私营　　　　　　　　　　（4）联营

（5）有限责任　　　　　　　　（6）股份制

（7）外商投资　　　　　　　　（8）港澳台商投资

5. 若贵公司曾改制(或所有制变更)，则最近一次所有制变更发生在_____年之前的所有制性质是_____（填第4题中的编号）

6. 改制前后是否更换了总经理？_____

（1）是　　　　　　　　　　　（2）否（答"否"者跳至第7题）

如果改制时更换了总经理，新任的总经理来自_____

（1）企业内部　　　　　　　　（2）企业外部

7. 贵公司目前的股权结构(填写所占比例)：

（1）所有个人股东所持股份_____%

　　　其中最大个人股东所持股份_____%

　　　本企业管理层所持股份_____%

　　　本企业内部员工所持股份_____%

（2）国有股份_____%

（3）集体股份_____%

（4）外资股份_____%

（5）港澳台股份_____%

(6) 前三家最大股东股份总额_____%

(7) 企业法人所持股份_____%

(8) 其他企事业单位股份_____%

(9) 金融机构股份(银行、信托或风险投资公司股份)_____%

8. 贵公司属于哪个行业?(可多选)_____

(1) 农林牧渔业

(2) 金融、保险业

(3) 采掘业

(4) 房地产业

(5) 制造业

(6) 社会服务业

(7) 电力、煤气及水的生产和供应业

(8) 卫生、体育和社会福利业

(9) 建筑业

(10) 教育、文化艺术及广播电影电视业

(11) 地质勘察业、水利管理业

(12) 科学研究和综合技术服务业

(13) 交通运输、仓储及邮电通信业

(14) 批零贸易、餐饮业

(15) 其他行业

9. 如果上题中选择的是(5)制造业,请您再选择一下属于哪种细分的制造业(可多选)_____

(1) 食品加工业

(2) 食品制造业

(3) 饮料制造业

(4) 烟草加工业

(5) 纺织业

(6) 皮革、毛皮、羽绒及其制品业

(7) 服装及其他纤维制品业

(8) 木材加工及竹、藤、棕、草制品业

（9）家具制造业

（10）造纸及纸制品业

（11）印刷业，记录媒介的复制

（12）文教体育用品制造业

（13）石油加工及炼焦业

（14）化学原料及化学制品制造业

（15）医药制造业

（16）化学纤维制造业

（17）橡胶制品业

（18）塑料制品业

（19）非金属矿物制品业

（20）黑色金属冶炼及压延加工业

（21）有色金属冶炼及压延加工业

（22）金属制品业

（23）普遍机械制造业

（24）专用设备制造业

（25）交通运输设备制造业

（26）武器弹药制造业

（27）电气机械及器材制造业

（28）电子及通信设备制造业

（29）仪器仪表及文化办公机械制造业

（30）其他制造业

10. 贵公司近三年的销售收入（万元）

2005 年_____   2004 年_____   2003 年_____

11. 贵公司近三年的纯利润（万元）

2005 年_____   2004 年_____   2003 年_____

12. 贵公司近三年的上交利税（万元）

2005 年_____   2004 年_____   2003 年_____

13. 贵公司近三年的总资产（万元）

2005 年_____   2004 年_____   2003 年_____

14. 贵公司近三年的资产负债率是

2005 年_____%   2004 年_____%   2003 年_____%

15. 贵公司近三年的股利支出是（万元）

2005 年_____   2004 年_____   2003 年_____

16. 贵公司近三年的利息支出是（万元）

2005 年_____   2004 年_____   2003 年_____

17. 贵公司近三年的用于研发的支出是（万元）

2005 年_____   2004 年_____   2003 年_____

18. 贵公司近三年的用于广告的支出是（万元）

2005 年_____   2004 年_____   2003 年_____

19. 贵公司近三年的年末库存现金是（万元）

2005 年_____   2004 年_____   2003 年_____

20. 贵公司如何定价_____

（1）接受市场价格   （2）成本加成   （3）根据进口商品

（4）政府定价   （5）买方议价   （6）商业同盟定价

21. 贵公司经常打交道的政府部门

（1）工商　　　　平均每月_____次

（2）税务　　　　平均每月_____次

（3）劳动保障　　平均每月_____次

（4）环保　　　　平均每月_____次

（5）质量检查　　平均每月_____次

（6）其他　　　　请具体说明_____

　　　　　　　　平均每月_____次

22. 贵公司接待来访政府工作人员平均每月_____次

23. 贵公司用于政府的公关费用对企业造成的负担_____

（1）很沉重   （2）偏重,但还可承受

（3）一般   （4）比较小

（5）可以忽略不计

24. 您认为 23 题中提及的负担正在变得_____

（1）越来越重   （2）越来越轻   （3）没有什么变化

25. 贵公司资金前三个主要来源为_____

(1) 自有资金

(2) 银行贷款

(3) 民间借贷

(4) 股票市场

(5) 债券和融资租赁

(6) 风险投资基金

(7) 政府拨款

(8) 其他,请具体说明_____

26. 贵公司向银行贷款的难度为_____

(1) 很难 (2) 较难

(3) 还可以 (4) 较容易

(5) 很容易

27. 贵公司截至去年末累计所拥有的专利数为_____个

B. 员工信息

28. 贵公司目前总雇佣人数是_____人,其中

(1) 小学文化程度_____人

(2) 中学文化程度_____人

(3) 中专(技校、职业高中)_____人

(4) 大专_____人

(5) 大学_____人

(6) 硕士及以上_____人

(7) 留学归国人员_____人

(8) 党员_____人

(9) 工会成员_____人

(10) 正式签订劳动合同_____人

29. 贵公司是否建立了劳动保障体系:_____

(1) 是 (2) 否

如果已经建立,包含哪些内容:_____

（1）住房公积金

（2）社会医疗保险基金

（3）社会养老保险基金

（4）社会失业保险基金

（5）生育保险基金

（6）工伤保险基金

（7）补充商业医疗保险

（8）补充商业养老保险

（9）其他，请具体说明：_____

30. 贵公司去年的工资总额为_____万元，福利费总额为_____万元

31. 贵公司是否提供培训给员工？_____

（1）是　　　　　　　　　（2）否

如果是，去年的培训费用为_____万元，培训人数为_____人

32. 如果是，请具体说明新员工入职培训的持续时间：_____

（1）没有入职培训　　　　　（2）短于一星期

（3）长于一星期但短于一个月　（4）长于一个月

33. 贵公司的员工培训方式为（可多选）_____

（1）内部培训

（2）外部培训

（3）学历教育

（4）其他，请具体说明_____

34. 如贵公司有员工参与股权认购，则资格标准为_____

（1）员工不参与股权认购

（2）所有员工

（3）最低工资级别

（4）职位、级别、头衔

（5）服务年限

（6）其他标准，请具体说明：_____

35. 您估计本企业最高管理者（总经理）从企业得到的年总收入大约

是一般员工最低收入的_____倍。

36．贵公司去年由于各种原因离开本公司的员工占到员工总数的大约_____%

37．贵公司去年员工离开本公司的主要原因是（可以多选）：_____

（1）企业在合同期内解雇不合格员工

（2）员工在合同期内主动辞职

（3）劳动合同自然到期

（4）企业产量或者规模减少

（5）企业转产,原有职工不适应新岗位

（6）企业由于历史原因形成的富余员工分流

（7）其他

38．贵公司在不影响日常生产的情况下是否仍然有减少员工的余地？_____

（1）是　　　　　　　　　（2）否

如果"是",您认为可以解雇员工的比例大约是_____%

39．贵公司有无员工"末位淘汰"（绩效考评排名靠后者被解雇）机制_____

（1）有　　　　　　　　　（2）无

40．如上题的回答为"有",则淘汰比例为_____%

附录三　企业家心理问卷的信度和效度分析

我们对广西壮族自治区柳州市848名企业家进行了性格、心理健康、决策风格、企业管理方式、生活满意度五个问卷的调查,我们对其中心理变量完整的248份问卷进行信度和效度的分析。

一、性格问卷的效度和信度分析

(一) 效度分析

性格问卷中的题目主要来自16PF、艾森克问卷等多种渠道,由作者根据调查对象的实际情况编制而成,因此首先运用探索性因素分析对问卷的29道题目进行结构效度的检验。

因素分析的 KMO = 0.754,球形检验结果显著($p < 0.001$),表明该量表适于进行因素分析。利用主成分分析法提取因素,并通过最大方差变异法进行旋转变化,以特征值大于1为标准截取适当的因素,结果发现仅有5个因素包含3道以上(包含3)的题目,这5个因素的方差累积贡献率为44.363%,较好解释了性格问卷中的22个题目,它们的特征值和贡献率见表1。

表1　5个公共因素的特征值和贡献率

因素	特征值	贡献率(%)	累积贡献率(%)
1	4.687	16.163	16.163
2	3.226	11.125	27.288
3	2.037	7.026	34.314
4	1.557	5.368	39.682
5	1.357	4.681	44.363

因素 1 包含 9 个题目(5、7、9、11、14、15、18、23、24),主要考察了被试在面临难题时对自身所持的信心程度,例如:"我担心自己无法胜任目前的工作"等,因此命名为"自信度"因子。

因素 2 包含 3 个题目(21、22、29),集中考察被试对自身形象的认同感,例如:"在别人眼里我总是充满活力",因此命名为"认同感"因子。

因素 3 包含 4 个题目(1、2、4、8),集中考察被试对待交际、工作的积极性,例如:"我很容易给一个沉闷的聚会注入活力",因此命名为"积极性"因子。

因素 4 包含 3 个题目(25、26、28),主要考察被试在工作中的责任感,例如:"对我而言,最重要的事情是对工作和同伴尽责",因此命名为"责任感"因子。

因素 5 包含 3 个题目(10、13、20),主要考察被试在解决问题时所采取的方式以及突破常规勇于创新的程度,例如:"我认为解决问题的最好途径是循序渐进",因此命名为"创新性"因子。

根据因素分析的结果,删除 3、6、12、16、17、19、27 共 7 道题。

(二)信度分析

通过对以上 5 个因素所含题目进行信度分析,进一步确定了量表的内部一致性程度,通过计算得到 5 种性格因子相应题目的 ALPHA 系数,见表 2。

表 2 5 种性格因子问卷的内部一致性程度

性格问卷	自信度	认同感	积极性	责任感	创新性
ALPHA	0.790	0.678	0.656	0.611	0.610

从以上 ALPHA 值可以看到,五个因素内部的题目具有较高的内部一致性,基本符合量表的信度要求。

二、心理健康问卷的分析

心理健康问卷来自 SCL90 量表,问卷主要包括焦虑和抑郁两个因子。经以往研究表明具有较高的结构效度,因此此处仅对其信度进行报告,通过计算得到两个因子对应题目的 ALPHA 系数分别为 0.833(焦虑因子)

和 0.862（抑郁因子），具有较高的一致信度，因此符合量表对信度的要求。

三、决策风格问卷的信度分析

决策风格分为指示型、分析型、概念型和行为型四种。A、B、C、D 分别对应于不同的决策风格，将它们的分数分别加起来，得分最高的选项即为被试的决策风格。

四、企业管理方式问卷的信度分析

该问卷主要用于考察管理者对员工的管理方式，即他们是以专断、民主抑或自由的方式来进行企业管理。专断方式的基本特征是：领导人只希望下属服从，他规定工作方针，制定政策是他一个人的工作，结果是他的下级工作人员对领导人的依赖性强，领导人不在，工作接近停顿。民主方式的基本特征是：领导人用讨论的方式，要下级人员提出意见和建议，下级人员在鼓励之下参加决策工作，领导人只负责主持讨论，结果是上下级之间融洽，他们同领导者关系和睦，无论领导在与否，工作进展顺利。自由方式的基本特征是：领导人的工作有点像问事台的值班员，他不重视自己在下级人员中的作用，对下级督促很少，结果是工作不能按部就班，进展速度缓慢，下级看来很忙碌，但无多少实际意义。

该问卷是采用黎绰编制的企业管理方式问卷，由于问卷已经过检验具有较高的信效度，所以这里不再对问卷的效度进行分析，仅就问卷的信度作一下报告，结果见表 3。

表 3　管理方式问卷的内部一致性程度

管理方式	专断式	民主式	自由式
ALPHA	0.407	0.513	0.551

从上面的分析可以看出，尽管问卷的信度不是很高，但基本符合问卷对信度的要求。

五、生活满意度问卷的分析

该问卷主要调查被试对工作、企业、家庭以及生活的总体满意程度，

附录三 企业家心理问卷的信度和效度分析

结果表明,大多数管理者对自己的工作、生活现状都比较满意,尤其对自己的家庭满意度(4.4534)最高,具体见表4。

表4 生活满意度问卷的描述性结果

	N	最小值	最大值	平均值	标准方差
工作	248	1.00	5.00	3.9069	1.18400
企业	248	1.00	5.00	4.0405	1.09618
家庭	248	1.00	5.00	4.4534	0.91779
生活	248	1.00	5.00	4.1134	1.03363

同时我们又对被试的压力、焦虑和孤独进行了调查,结果发现被试并没有存在多大的紧张和压力,而且焦虑和孤独感也较低,具体见表5。

表5 压力、焦虑和孤独感问卷的描述性结果

	N	最小值	最大值	平均值	标准方差
压力	248	1.00	5.00	3.0081	1.03982
焦虑	248	1.00	5.00	2.5101	0.91448
孤独	248	1.00	4.00	1.9555	0.88463

参考文献

敖带芽,2005,"私营企业主政治参与研究报告",载张厚义等(主编),《中国私营企业发展报告(2005)》,社会科学文献出版社,61—83页。

白重恩、刘俏、陆洲、宋敏、张俊喜,2005,"中国上市公司治理结构的实证研究",《经济研究》,第2期,81—91页。

白重恩、路江涌、陶志刚,2004,"投资环境对外资企业效益的影响——来自企业层面的证据",《经济研究》,第9期,82—89页。

蔡定剑,2002,《中国选举状况的报告》,北京:法律出版社。

陈光金,2005,《1992—2004年的私营企业主阶层:一个新社会阶层的成长》,社会科学文献出版社,223—267页。

陈剑波,1995,"乡镇企业的产权结构及其对资源配置效率的影响",《经济研究》,第9期,24—32页。

陈抗、Arye L. Hillman、顾清扬,2002,《财政集权与地方政府行为变化——从援助之手到攫取之手》,《经济学(季刊)》,第2卷第1期,111—130页。

陈钊,2004a,"转型经济中的放松管制和企业重构的最优路径",《经济学(季刊)》,第3卷第2期,259—280页。

陈钊,2004b,《经济转轨中的企业重构:产权改革与放松管制》,上海三联书店、上海人民出版社。

陈钊、陆铭,2007,"转型的终结?再论作为经济发展阶段之函数的政府功能",《学术月刊》,第10期,75—80页。(《新华文摘》,2008年第1期转载。)

参考文献

陈钊、陆铭、何俊志,2008,"权势与企业家参政议政:一项实证研究",《世界经济》,第6期,39—49页。

程子华,1990,"关于全国县级直接选举工作的总结报告",载全国人大常委会办公厅研究室(编),《中华人民共和国人民代表大会文献资料汇编:1949—1990》,北京:中国民主法制出版社。

戴园晨,2005,"迂回曲折的民营经济发展之路——'红帽子'企业",《南方经济》,第7期,28—36页。

樊景立、郑伯埙,2000,"华人组织的家长式领导:一项文化观点的分析",《本土心理学研究》,第13期,127—180页。(载李新春、张书军(主编),2005,379—430页。)

贺小刚、李新春,2005,"企业家能力与企业成长:基于中国经验的实证研究",《经济研究》,第10期,101—111页。

胡旭阳,2006,"民营企业家的政治身份与民营企业的融资便利——以浙江省民营百强企业为例",《管理世界》,第5期,107—113页。

黄玖立、李坤望,2006,"出口开放、地区市场规模和经济增长",《经济研究》,第6期,27—38页。

金滢基、马骏,1998,"政府在获得技术能力方面的作用:对东亚石化工业的案例分析",载青木昌彦等(主编),1998,112—148页。

卡林纳,杰弗里,2000,"新兴产业的产业政策",载保罗·克鲁格曼(主编),《战略性贸易政策与新国际经济学》,北京:北京大学出版社、中国人民大学出版社,207—236页。

李涛、周开国和乔根平,2005,"企业增长的决定因素——中国经验",《管理世界》,第12期,116—122页。

李新春、张书军(主编),2005,《家族企业:组织、行为与中国经济》,上海三联书店、上海人民出版社。

林浚清、黄祖辉和孙永祥,2003,"高管团队内薪酬差距、公司绩效和治理结构",《经济研究》,第4期,31—40页。

凌志军,2007,《中国的新革命:1980—2006年,从中关村到中国社会》,新华出版社。

刘遵义,1998,"政府在经济发展中的作用:对中国大陆、香港和台湾经验的观察",载青木昌彦等(主编),1998,45—80页。

陆铭、陈钊,2006,《中国区域经济发展中的市场整合与工业集聚》,上海人民出版社。

陆铭、陈钊,2008,《以邻为壑的经济增长——为什么经济开放可能加剧国内市场分割》,复旦大学工作论文。

陆铭、陈钊、万广华,2005,"因患寡,而患不均:中国的收入差距、投资、教育和增长的相互影响",《经济研究》,第12期,4—14页。

陆铭、陈钊、王永钦、章元、张晏、罗长远,2008,《中国的大国经济发展道路》,中国大百科全书出版社。

罗楚亮,2006,"城乡分割、就业状况与主观幸福感差异",《经济学(季刊)》,第5卷第3期,817—840页。

罗荣渠,2004,《现代化新论——世界与中国的现代化进程(增订版)》,北京:商务印书馆。

潘慧,2007,《中国企业家心理与企业发展——以广西柳州市为例的实证研究》,华东师范大学心理学博士后流动站出站报告,第5章。

青木昌彦、凯文·穆尔多克、奥野-藤原正宽,1998,"东亚经济发展中政府作用的新诠释:市场增进论",载青木昌彦等(主编),《政府在东亚经济发展中的作用》,北京:中国经济出版社,27—42页。

青木昌彦等(主编),1998,《政府在东亚经济发展中的作用》,北京:中国经济出版社。

全国人大常委会办公厅研究室(编),1990,《中华人民共和国人民代表大会文献资料汇编:1949—1990》,北京:中国民主法制出版社。

汝信、陆学艺、李培林,2006,《2005年:中国社会形势分析与预测》。北京:社会科学文献出版社。

施东辉,2000,"股权结构、公司治理与绩效表现",《世界经济》,第12期,37—44页。

孙早、刘庆岩,2006,"市场环境、企业家能力与企业的绩效表现——转型期中国民营企业绩效表现影响因素的实证研究",《南开经济研究》,第2期,92—104页。

王永钦,2005,《声誉、承诺与组织形式》,上海:上海人民出版社。

王永钦,2006,"市场互联性、关系型合约与经济转型",《经济研究》第 6 期,79—92 页。

王永钦、张晏、章元、陈钊、陆铭,2007,"中国的大国发展道路——论分权式改革的得失",《经济研究》,第 1 期,4—16 页。

王于渐、陆雄文、陶志刚、蒋青云、邵启发、孙一民,2007,《重返经济舞台中心:长三角区域经济的融合转型》,世纪出版社集团,上海人民出版社。

吴文锋、吴冲锋、刘晓薇,2008,"中国民营上市公司高管的政府背景与公司价值",《经济研究》,第 7 期,130—141 页。

吴文锋、吴冲锋、芮萌,2008,"中国上市公司高管的政府背景与税收优惠",上海交通大学工作论文。

吴晓波,2007,《激荡三十年——中国企业 1978—2008》,中信出版社、浙江人民出版社。

徐晓东、陈小悦,2003,"第一大股东对公司治理、企业业绩的影响分析",《经济研究》,第 2 期,64—74 页。

姚俊、吕源和蓝海林,2004,"我国上市公司多元化与经济绩效关系的实证研究",《管理世界》,第 11 期,119—125 页。

姚洋,2008,"中性政府:对转型期间中国经济成功的一个解释",北京大学中国经济研究中心工作论文,http://www.ccer.edu.cn/cn/ReadNews.asp? NewsID = 8910。

余明桂、潘红波,2008,"政治关系、制度环境与民营企业银行贷款",《管理世界》,第 8 期,9—21,39 页。

俞文钊,2004,《现代领导心理学》,上海教育出版社。

约瑟夫·斯蒂格利茨,2007,"前言",载卡尔·波兰尼,《大转型:我们时代的政治与经济起源》,浙江人民出版社。

曾驭然,2006,《企业家社会关系对创新和绩效的影响——以珠三角制造业企业为例》,经济科学出版社。

赵润济,1998,"韩国的政府干预、租金分配与经济发展",载青木昌彦等(主编),1998,236—265 页。

中国经济周刊,2004,"中国十大复转军人企业家",第 30 期。

中国企业家调查系统,2003,"中国企业家队伍成长现状与环境评价——2003年中国企业经营者成长与发展专题调查报告",《管理世界》,第7期,110—119页。

中华全国工商业联合会(编),2007,《1993—2006中国私营企业大型调查》,中华工商联合出版社。

周见,1997,"明治时期企业家的形成与日本式经营",《经济科学》,第1期,75—80页。

周天勇,2007,"坚决废除公共经费自筹体制",《中国经济时报》,3月30日。

Acemoglu D., S. Johnson and J. Robinson, 2005, "Institutions as A Fundamental Cause of Long-Run Growth", in P. Aghion and S. N. Durlauf (eds), *Handbook of Economic Growth*, Vol. 1A, Elsevier B. V., 385—472.

Acemoglu, Daron, Philippe Aghion and Fabrizio Zilibotti, 2006, "Growth, Development, and Appropriate Versus Inappropriate Institutions", Working Paper.

Alesina, Alberto, Rafael Di Tella and Robert MacCulloch, 2004, "Inequality and Happiness: Are Europeans and Americans Different?" *Journal of Public Economics*, 88, 2009—2042.

Allen, F., J. Qian and M. Qian, 2005, "Law, Finance, and Economic Growth in China", *Journal of Financial Economics*, 77, 57—116.

Arshakuni, Konstantin and Thierry Kamionka, 2004, "New Small Start-ups Dynamics with Endogenous Initial Capital, Bank Loan and Public Aids", University Paris 1 Pantheon-Sorbonne, Working Paper.

Bates, Timothy, 1990, "Entrepreneur Human Capital Inputs and Small Business Longevity", *The Review of Economics and Statistics*, 72(4), 551—559.

Baum, J. Robert, Edwin A. Locke and Ken G. Smith, 2001, "A Multidimensional Model of Venture Growth", *Academy of Management Journal*, 44(2), 292—303.

参考文献

Berman, Eli, Kevin Lang, and Erez Siniver, 2003, "Language-Skill Complementarity: Returns to Immigrant Language Acquisition", *Labour Economics*, 10(3), 265—290.

Bertrand, Marianne and Antoinette Schoar, 2003, "Managing with Style: The Effect of Managers on Firm Policies", *Quarterly Journal of Economics*, 118(4), 1169—1208.

Bertrand, Marianne and Sendhil Mullainathan, 2001, "Do People Mean What They Say? Implications for Subjective Survey Data", *American Economic Review*, 91(2), 67—72.

Blanchflower, David G. and Andrew J. Oswald, 2000, "Well-Being over Time in Britain and the USA", NBER Working Paper No.7487.

Boisot, Max and John Child, 1996, "From Fiefs to Clans and Network Capitalism: Explaining China's Emerging Economic Order", *Administrative Science Quarterly*, 41(4), 600—628.

Boisot, Max, 1987, "Industrial Feudalism and Enterprise Reform-Could the Chinese Use some More Bureaucracy?" in Warner, Malcolm (ed.), *Management Reforms in China*, London: Frances Pinter.

Boisot, Max, 1987, "Industrial Feudalism and Enterprise Reform-Could the Chinese Use some More Bureaucracy?" in Warner, Malcolm (ed.), *Management Reforms in China*, London: Frances Pinter.

Chang, Ha-Joon, 2002, *Kicking Away the Ladder: Development Strategy in Historical Perspective*, London: Anthem Press.

Che, J. and Y. Qian. 1998, "Institutional Environment, Community Government, and Corporate Governance: Understanding China's Township-Village Enterprises", *Journal of Law, Economics, and Organization*, 14(1), 1—23.

Christofides, Louis N. and Robert Swidinsky, 2008, "The Economic Returns to a Second Official Language: English in Quebec and French in the Rest-of-Canada", Institute for the Study of Labor, IZA Discussion Paper No. 3551, Available at SSRN: http://ssrn.com/abstract=1150720.

Clark, Andrew E. and Andrew J. Oswald, 1994, "Unhappiness and Unemployment", *Economic Journal*, 104(424), 648—659.

de Soto, Hernando, 2000, *The Mystery of Capital: Why Capitalism Triumphs in the West and Fails Everywhere Else*, Basic Books. (中译本,赫尔南多·德·索托,《资本的秘密》,于海生译,华夏出版社,2007年。)

Di Tella, Rafael, Robert J. MacCulloch and Andrew J. Oswald, 2001, "Preference over Inflation and Unemployment: Evidence from Surveys of Happiness", *American Economic Review*, 91(1), 335—341.

Diener, Ed and Shigehiro Oishi, 2000, "Money and Happiness: Income and Subjective Well-Being across Nations", in Ed Diener and Eunkook M. Suh (eds), *Culture and Subjective Well-Being*, Cambridge, MA: The MIT press, 185—218.

Diener, Ed, Eunkook M. Suh, Richard E. Lucas and Heidi L. Smith, 1999, "Subjective Well-Being : Three Decades of Progress", *Psychological Bulletin*, 125(2), 276—303.

Diener, Ed, Marissa Diener and Carol Diener, 1995, "Factors Predicting the Subjective Well-Being of Nations", *Journal of Personality and Social Psychology*, 69(5), 851—864.

Dixit, Avinash, 2003, "Trade Expansion and Contract Enforcement", *Journal of Political Economy*, 111(6), 1293—1317.

Djankov, Simeon, Yingyi Qian, Gérard Roland, and Ekaterina Zhuravskaya, 2006, "Entrepreneurship in Brazil, China, and Russia", Working Paper, Center for Economic and Financial Research (CEFIR), No. w0066.

Driemeier, Mary Hallward, Scott Wallsten, and Lixin Colin Xu, 2003, "The Investment Climate and the Firm: Firm-Level Evidence from China", World Bank Policy Research Working Paper No. 3003.

Drucker, Peter F., 1985, *Innovation and Entrepreneurship: Practice and Principles*, Labuan, Malaysia: Big Apple Tuttle-Mori Agency. (中译本,德鲁克,《创新与企业家精神》,蔡文燕译,机械工业出版社,2007年。)

参考文献

Easterlin, Richard A. , 1974, "Does Economic Growth Improve the Human Lot? Some Empirical Evidence", in Paul A. David and Melvin W. Reder (eds.) , *Nations and Households in Economic Growth: Essays in Honor of Moses Abramowitz*, New York: Academic Press, 89—125.

Easterlin, Richard A. , 1995, "Will Raising the Incomes of All Increase the Happiness of All?" *Journal of Economic Behavior and Organization*, 27 (1), 35—48.

Easterlin, Richard A. , 2001, "Income and Happiness: Towards a Unified Theory", *Economic Journal*, 111 (473), 465—484.

Faccio, M. , 2006, "Politically Connected Firms", *American Economic Review*, 96(1), 369—386.

Fan, J. , T. J. Wong, and T. Zhang, 2007, "Politically Connected CEOs, Corporate Governance, and Post-IPO Performance of China's Newly Partially Privatized Firms", *Journal of Financial Economics*, 84, 265—590.

Fan, Joseph P. H. , Oliver Meng Rui, Mengxin Zhao, 2008, "Public Governance and Corporate Finance: Evidence from Corruption Cases", *Journal of Comparative Economics*, 36 (3), 343—364.

Feather, Norman T. , 1990, *The Psychological Impact of Unemployment*, New York: Springer.

Fisman, R. , 2001, "Estimating the Value of Political Connections", *American Economic Review*, 91(4), 1095—1102.

Frey, Bruno S. and Alois Stutzer, 2000, "Happiness, Economy and Institutions", *Economic Journal*, 110(446), 918—938.

Frey, Bruno S. and Alois Stutzer, 2002, "What can Economists Learn from Happiness Research?" *Journal of Economic Literature*, 40, 402—435.

Gerschenkron, Alexander, 1962, *Economic Backwardness in Historical Perspective*, Cambridge: Harvard University Press.

Gimbel, Ronald W. , Sue Lehrman, Martin A. Strosberg, Veronica Ziac, Jay Freedman, Karen Savicki, and Lisa Tackley, 2002, "Organizational and Environmental Predictors of Job Satisfaction in Community-Based HIV/

AIDS Services Organizations", *Social Work Research*, 26(1), 43—55.

Gompers, Paul A., Joy L. Ishii and Andrew Metrick, 2003, "Corporate Governance and Equity Prices", *Quarterly Journal of Economics*, 118(1), 55—107.

González, Libertad, 2005, "Nonparametric Bounds on the Returns to Language Skills", *Journal of Applied Econometrics*, 20(6), 771—795.

Graham, Carol and Andrew Felton, 2005, "Does Inequity Matter to Individual Welfare: An Initial Exploration Based on Happiness Surveys from Latin America", Center on Social and Economic Dynamics Working Papers Series No. 38, Washington, DC: The Brookings Institution.

Graham, Carol and Stefano Pettinato, 2001, "Happiness, Markets and Democracy: Latin America in Comparative Perspective", *Journal of Happiness Studies*, 2(3), 237—268.

Graham, Carol and Stefano Pettinato, 2002, "Frustrated Achievers: Winners, Losers, and Subjective Well Being in New Market Economies", *Journal of Development Studies*, 38(4), 100—140.

Hayek, F. A., 1945, "The Use of Knowledge in Society", *American Economic Review*, September, 35 (4), 519—530.

Inglehart, Ronald F., 1990, *Culture Shift in Advanced Industrial Society*, Princeton: Princeton University Press.

Jiang, Shiqin, Ming Lu and Hiroshi Sato, 2008, "Happiness in the Dual Society in Urban China: Hukou Identity, Horizontal Inequality and Heterogeneous Reference", LICOS Discussion Paper Series 226/2008, Katholieke Universiteit Leuven.

Kahneman, Daniel and Alan B. Krueger, 2006, "Developments in the Measurement of Subjective Well-being", *Journal of Economic Perspectives*, 20(1), 3—24.

Kahneman, Daniel and Amos Tversky, 1979, "Prospect Theory: An Analysis of Decision under Risk", *Econometrica*, 47, 263—291.

Kahneman, Daniel, Peter P. Wakker and Rakesh Sarin, 1997, "Back to Bentham? Explorations of Experienced Utility", *Quarterly Journal of Economics*, 112(2), 375—405.

Kenny, Charles, 1999, "Does Growth Cause Happiness, or Does Happiness Cause Growth?" *Kyklos*, 52 (1), 3—26.

Khwaja, A. I. and A. Mian, 2005, "Do Lenders Favor Politically Connected Firms? Rent Provision in an Emerging Financial Market", *Quarterly Journal of Economics*, 120(4), 1371—1411.

Knight John and Ramani Gunatilaka, 2007, "The Rural-Urban Divide in China: Income but not Happiness?" Department of Economics, University of Oxford, mimeo.

Kraus, Willy, 1991, *Private Business in China: Revival between Ideology and Pragmatism*, London: Hurt.

Lane, Robert E., 1998, "The Joyless Market Economy", in Avner Ben-Ner and Louis Putterman (eds.), *Economics, Values, and Organization*, Cambridge: Cambridge University Press, 461—488.

Li, Hongbin, Lingsheng Meng and Junsheng Zhang, 2006, "Why Do Entrepreneurs Enter Politics? Evidence from China", *Economic Inquiry*, 44 (3), 559—578.

Li, Hongbin, Lingsheng Meng, Qian Wang, Li-An Zhou, 2008, "Political Connections, Financing and Firm Performance: Evidence from Chinese Private Firms", *Journal of Development Economics*, 87, 283—299.

Li, John Shuhe, 2003, "Relation-Based versus Rule-Based Governance: an Explanation of the East Asian Miracle and Asian Crisis", *Review of International Economics*, 11(4), 651—673.

Lu, Ming, Zhao Chen and Shuang Zhang, 2008, "Paying for the Dream of Public Ownership: Case Studies on Corruption and Privatization in China", *Transition Studies Review*, 15, 355—373.

Marmot, Michael, 2004, *The Status Syndrome: How Social Standing Affects Our Health and Longevity*, London: Bloomsbury Press.

Michalos, Alex C., 1991, *Global Report on Student Well-Being, Volume*

1: *Life Satisfaction and Happiness*, New York: Springer.

Miller, G. J., 1992, *Managerial Dilemmas: The Political Economy of Hierarchy*, Cambridge: Cambridge University Press. (中译本,盖瑞·J. 米勒,《管理困境——科层的政治经济学》,王勇等译,上海三联书店、上海人民出版社,2002年。)

Naughton, B. "Chinese Institutional Innovation and Privatization from Below", *American Economic Review*, 84(2), 1994, 266—270.

Nee, Victor, 1992, "Organizational Dynamics of Market Transition: Hybrid Forms, Property Rights, and Mixed Economy in China", *Administrative Science Quarterly*, 37, 1—27.

Ng, Yew-Kwang, 1996, "Happiness Surveys: Some Comparability Issues and an Exploratory Survey Based on Just Perceivable Increments", *Social Indicators Research*, 38(1), 1—27.

Olson, Mancur, 2000, *Power and Prosperity: Outgrowing Communist and Capitalist Dictatorships*, New York: Basic Books. (中译本,奥尔森,《权力与繁荣》,苏长和译,上海人民出版社,2005。)

Pearce, John A. and Shaker A. Zahra, 1991, "The Relative Power of CEOs and Boards of Directors: Associations with Corporate Performance", *Strategic Management Journal*, 12(2), 135—153.

Peng, Yusheng, 2004, "Kinship Networks and Entrepreneurs in China's Transitional Economy", *American Journal of Sociology*, 109(5), 1045—1074.

Rowe, A. J., and J. D. Boulgarides, 1992, *Managerial Decision Making: A Guide to Successful Business Decisions*, New York: Macmillan Inc.

Schumpeter, Joseph A., 1921, *Theorie der Wirtschaftlichen Entwicklung, Eine Untersuchung über Profite, Kapital, Kredit, Zins und den wirtschaftlichen Zyklus*, Duncker & Humblot GmbH, Harvard University Press, 1934. (中译本,约瑟夫·熊彼特,《经济发展理论——对于利润、资本、信贷、利息和经济周期的考察》,何畏等译,商务印书馆,1997年。)

Sen, Amartya K., 1995, "Rationality and Social Choice", *American E-*

conomic Review, 85(1), 1—24.

Sen, Amartya K., 1997, "From Income Inequality to Economic Inequality", *Southern Economic Journal*, 64(2), 384—401.

Silin, R. H., 1976, *Leadership and Value: The Organization of Largescale Taiwan Enterprises*, Cambridge, MA: Harvard University Press.

Solinger, Dorothy J., 1993, *China's Transition from Socialism: State Legacies and Market Reforms*, 1980—1990, Armonk, NY: M. E. Sharpe.

Song, Lina and Simon Appleton, 2006, "Inequality and Instability: an Empirical Investigation into Social Discontent in Urban China", University of Nottingham Research Paper.

Stiglitz, Joseph E., 1987, "The Causes and Consequence of the Dependence of Quality on Price", *Journal of Economic Literature*, 25(1), 1—48.

Tversky, Amos and Daniel Kahneman, 1992, "Advances in Prospect Theory: Cumulative Representation of Uncertainty", *Journal of Risk and Uncertainty*, 5, 297—323.

Van Doorslaer, E., and A. M. Jones, 2003, "Inequalities in Self-Reported Health: Validation of a New Approach to Measurement", *Journal of Health Economics*, 22(1), 61—87.

Wade, Robert, 1990, *Governing the Market: Economic Theory and the Role of the Government in East Asian Industrialization*, Princeton: Princeton University Press. (中译本,罗伯特·韦德,《驾驭市场——经济理论和东亚工业化中政府的作用》,吕行建等译,企业管理出版社,1994年。)

Waldman, David A., Gabriel G. Ramírez, Robert J. House and Phanish Puranam, 2001, "Does Leadership Matter? CEO Leadership Attributes and Profitability under Conditions of Perceived Environmental Uncertainty", *Academy of Management Journal*, 44(1), 134—143.

Wan, G., M. Lu and Z. Chen, 2006, "The Inequality-Growth Nexus in Short and Long run: Empirical Evidence from Rural China", *Journal of Comparative Economics*, 34(4), 654—667.

Wank, David L., 1995, "Private Business, Bureaucracy, and Political Alliance in a Chinese City", *Australian Journal of Chinese Affairs*, 33, 55—71.

Weitzman, Martin and Chenggang Xu, 1994, "Chinese Township-Village Enterprises as Vaguely Defined Cooperatives", *Journal of Comparative Economics*, 18(2), 121—145.

Whyte, Martin King, 1996, "The Chinese Family and Economic Development: Obstacle or Engine?" *Economic Development and Cultural Change*, 45(1), 1—30. (中译文载李新春、张书军(主编),2005,3—42 页。)

Wooldridge, J., 2002, *Econometric Analysis of Cross Section and Panel Data*, Cambridge MA: The MIT Press.

后　记

　　这是一项有关企业家和企业的跨学科研究,涉及的学科主要是经济学和心理学,实际上又涉及政治学、社会学和管理学。这项研究发挥了复旦大学和华东师范大学相关研究人员各自在优势学科方面的特长,但因为其学科跨度大,对我们来说是一次难度颇大的考验,研究中也必定存在诸多不足之处。这项研究得到了陆铭主持的教育部人文社会科学重点研究基地2006年度重大项目立项课题"中国民营企业家成长与企业发展的实证研究"(项目批准号:06JJD790007)的资助和浙江大学经济学院的研究支持。有关心理学的部分主要以潘慧博士在华东师范大学心理学博士后流动站的出站报告为基础,有关企业家满意度、企业家决策方式和企业发展的经济学研究得到由陆铭和陈钊领导的复旦大学研究团队的支持。陆铭与陈钊教授、王永钦副教授合作的有关政企关系和东亚经验的研究为本书第2章和第6章的相关讨论打下了基础。复旦大学国际关系与公共事务学院的人民代表大会制度研究专家何俊志副教授为有关企业家参政议政的研究做出了贡献。本课题所使用的调查数据得到了陈钊教授主持的复旦大学"985工程"数据库建设项目的支持,以及苏州市科技计划项目的资助。同时,本书也是上海市重点学科建设项目(B101)和复旦大学"中国经济国际竞争力"创新基地建设的研究成果之一。

　　在此研究全部完成,最终成果得以出版的时候,两位作者要特别感谢复旦大学陈钊教授、何俊志副教授和王永钦副教授的合作,以及张军教授和殷醒民教授的支持。感谢华东师范大学杨治良教授、郭秀燕教授和白勇教授、苏州市人大陈炳斯主任、柳州市政协罗铭副主席在数据收集和研究过程中提供的帮助。感谢许海波、唐正东和杨真真参与问卷设计,感谢方学梅、王亦琳、杨真真、季新星、方翔和蒋仕卿参与数据处理以及本书部分章节的研究和初稿写作,事实上,他们也是本研究部分前期成果以论文形式发表时的合作者。孟可强和欧海军在本书的后期工作中做了校对工作,提出了修改建议,同样非常感谢。

本项目的前期成果发表于《管理世界》、《世界经济》、《心理科学》、《学术月刊》、《学习与探索》、*Journal of Asia Pacific Economy*、*Transition Studies Review* 等杂志上,并有一篇论文收入 Ross Garnaut 和 Ligang Song 编辑的 *China: Linking Markets for Growth*(Asia Pacific Press,2007 年),本书所反映的只是本项目全部成果的部分。在项目完成之际,我们也要感谢相关杂志社、出版社、编辑以及审稿人给予我们的支持和帮助。北京大学出版社对于出版本书给予了大力支持,朱启兵先生做了大量的编辑工作,一并在此致谢。

陆 铭 潘 慧
2009 年 1 月